乡村振兴系列丛书

村民委员会
工作手册

CUNMIN WEIYUANHUI GONGZUO SHOUCE

唐德荣　主编

中国农业出版社
北　京

图书在版编目（CIP）数据

村民委员会工作手册/唐德荣主编．—北京：中
国农业出版社，2021.1（2022.12重印）
（乡村振兴系列丛书）
ISBN 978-7-109-27824-0

Ⅰ.①村… Ⅱ.①唐… Ⅲ.①村民委会员－工作－中
国－手册 Ⅳ.①D638-62

中国版本图书馆 CIP 数据核字（2021）第 007250 号

中国农业出版社出版
地址：北京市朝阳区麦子店街 18 号楼
邮编：100125
责任编辑：赵 刚
责任校对：赵 硕
印刷：北京通州皇家印刷厂
版次：2021 年 1 月第 1 版
印次：2022 年 12 月北京第 6 次印刷
发行：新华书店北京发行所
开本：880mm×1230mm 1/32
印张：8
字数：170 千字
定价：28.00 元

本书编委会

主　　编：唐德荣
执行主编：宋　刚
编　　委：王明辉　屈　懿
　　　　　唐　钦　陈德娜
　　　　　魏　娜　邓嫦娟

前 | 言
FOREWORD

中国农村基层创建村民自治制度已 30 多年。以实行村民自治为重要内容的农村政治体制改革，日益显示出中国农村基层社会主义民主政治建设的主要特色。1987年 11 月《中华人民共和国村民委员会组织法（试行）》颁布以后，以村民委员会的直接选举制度为契机，亿万农民开始逐步深入地参与农村基层的政治和社会生活，农村基层的社会治理正在步入良性循环的轨道。我国农村基层民主制度体系逐步完善，组织载体日益健全，实践内容不断丰富，形式更加多样，村民自治制度已经发展成为中国特色社会主义民主政治的重要组成部分，村民委员会在农村基层组织建设和推进实施乡村振兴战略中发挥着重要的作用。

党的十八大以来，以习近平同志为核心的党中央高度重视"三农"工作。2020 年 9 月 17 日习近平总书记在基层代表座谈会上的讲话指出，基础不牢，地动山摇。只有把基层党组织建设强、把基层政权巩固好，中国特色社会主义的根基才能稳固。"十四五"时期，要在加强基层基础工作、提高基层治理能力上下更大功夫。要加强和改进党对农村基层工作的全面领导，提高农村基层组织建设质量，为乡村全面振兴提供坚强政治和组织保证。

村民委员会是由乡（镇）所辖的行政村的村民选举产生的，实行村民自我管理、自我教育、自我服务的基层群众性自治组织。《中华人民共和国村民委员会组织法》由第九届全国人民代表大会常务委员会第五次会议于 1998 年 11 月 4 日修订通过，自 1998 年 11 月 4 日施行。2010 年 10 月 28 日第十一届全国人民代表大会常务委员会第十七次会议、2018 年 12 月 29 日第十三届全国人民代表大会常务委员会第七次会议都对《村民委员会组织法》进行了修订。修订后的《村民委员会组织法》旨在保障农村村民实行自治，由村民群众依法办理自己的事情，发展农村基层民主，促进农村社会主义物质文明和精神文明建设，为新时代乡村全面振兴提供坚强组织保证，同时也为本书的内容提供了基本遵循。

本书着眼于以务实创新之精神，紧紧围绕习近平新时代中国特色社会主义思想，结合农村工作实际，以浅显易懂而又内涵丰富的叙述，帮助提高村民委员会工作的科学化、规范化、制度化水平。全书共分四部分。"基础知识篇"涵盖村委会干部应知应会的基本知识,"村委会建设篇"涉及村委会的具体工作内容和如何搞好村委会建设,"法律政策篇"介绍村委会有关法律常识,"经典案例篇"汇集全国各地村委会先进典型案例,本书可为新时期村委会工作提供实用的帮助。

编　者

2021 年 1 月

目｜录
CONTENTS

前言

一、基础知识篇

1. "母系氏族"对氏族成员的管理有什么特点？

距今约 10 万～30 万年的旧石器时代中、晚期，原始人进入母系氏族社会。母系氏族实行原始共产制，平均分配劳动产品，生产资料，如土地，归集体所有。人们共同劳动，平均享用所获的产品。氏族长平时和氏族成员一样参加劳动，没有什么特权。如果氏族长不称职，可以被罢免，另选贤能。氏族的财产属集体所有，按母系传递，即由祖母传给母亲，母亲传给女儿。此时期，妇女在氏族里居于领导地位，是母系氏族社会的重要特征。妇女的地位不仅取决于氏族的母系血统，也取决于她们在社会经济生活中所发挥的重要作用。妇女是种植业、畜牧业、制陶业、纺织业的主要发明者。此外，妇女在烹煮食物，管理杂务以及抚育子女等方面还承担着繁重的劳动。妇女在社会经济生活中处于主导地位，氏族部落首领对氏族其他成员拥有管理和指挥组织生产的权力，是崇尚女性的社会基础。

2. "父系氏族"对部落成员的管理有什么特点？

约 5 500 年至 4 000 年前，随着人类文明的进步，狩猎、捕鱼和采摘等不再是人类唯一的食物来源，男子开始从事种植业和畜牧业。不管是农具的使用还是耕地，男子比女人的作用更大。作为农业的主力军，日常活动除了耕地，男子还开始想办法改善现状，这其中就包括如何改良工具来节约体力。全新的生活方式的改变，也让男女社会地位发生了翻天覆地的变化，母系社会逐渐走向衰落，父系氏族社会开始兴起，最终代替了"母系氏族"。此时期，男性的财产权和社会地位均高于女性，家庭婚姻关系也由母系氏族社会的"从妻居"改变为"从夫居"，子女自然不再属于母系氏族的成员而成为父系氏族的成员，成为父亲财产的继承者。

• **知识窗 1:**

部落民主管理的萌芽——尧舜"禅让"

中国远古时代，黄帝以后，尧做了部落首领。尧在位七十年后，召开了部落联盟议事会议，讨论继承人的人选问题。有人推荐他的儿子丹朱。尧认为丹朱很粗野，好闹事，不同意。大家又推举舜，说他是个德才兼备、很能干的人物。后来尧就将帝位禅让给舜。

舜接位后，到了晚年也召开继位人选的会议。大家推举了禹来做继承人。舜到年老了，身体不好，依旧到南方各地去巡视，最后病死在途中。舜死后，禹做了部落联盟的首领。

尧舜"禅让"，反映了部落管理的民主，产生了部落民主管理的萌芽。

3. 夏商周时期，"村民"的主要分配方式是什么？

公元前 1600 年至前 1046 年，"井田制"成为了夏商周时期"村民"分配的主要方式。"井田制"规定,把耕地划分为多块一定面积的方田,周围有边界,中间有水沟,阡陌纵横,像一个"井"字。"一井"分为 9 个方块,一个方块称为"一田",大约 100 亩[①]。"一井"中周围的 8 块田由 8 户耕种,叫做"私田","私田"收成全部分配给耕户所有;中间是"公田",由 8 户共耕,收入归封邑贵族所有。

4. 周朝时期,"连坐制"管理"村民"的作用是什么?

公元前 356 年,商鞅变法建立"连坐制",禁止父子兄弟同室而居,只要一家有两个或两个以上成年男子,都必须分开居住,独立编户,五家为伍,十家为什,不准擅自迁居,相互监督,相互检举。若违反法律没有揭发,就会十家连坐,一起接受惩罚。"连坐制"对于农民管理发挥了重要作用,它把农民牢牢束缚在土地上,国家直接控制了全国的劳动力,保证了赋税收入。

5. 三国时期,"屯田制"对于早期"村民"管理及土地利用有何作用?

公元 184—220 年(东汉末年),战争连年不断,社会生产力遭到极大破坏,土地荒芜,人口锐减,粮食短缺,形成了严重的社会问题。公元 196 年(东汉建安元年),曹操采纳了枣祗、韩浩的建议,强制农民或士兵耕种国有土地,征收一定数

---

① 亩为非法定计量单位,1 亩≈667 平方米,下同。

额田租，"屯田制"由此逐渐形成。当时，"屯田"的土地大多是无主和荒芜的土地。"屯田"分为民屯和军屯，民屯每50人为1屯，军屯以士兵屯田，60人为1营，一边戍守，一边屯田。"屯田制"保证了边防军的粮饷需要，对开拓边疆和巩固边防，以及安置流离失所的村民、开垦荒地、缓解社会矛盾和恢复农业生产等都发挥了积极作用。

6. 东汉时期，管理"村民"的主要方式是什么?

公元204年，"户调制"正式颁布，它是东汉时期管理"村民"的主要方式。"户调制"规定，每户征收绢2匹、绵2斤①。它取代了汉朝以来的算赋和口赋，从此与田租一起成为国家的正式赋税。

"户调制"确立后，给以家庭手工业与农业相结合为特征的广大小农家庭带来了好处，他们不用把绵、绢拿到市场去换钱币缴纳赋税，避免了中间商压低绵绢价格牟取暴利，还减少了像汉代统治者那样不断向农民"调租米""调盐铁""调役""调马""调缣素""调赋钱"等"横调"的额外剥削。因此，户调制的创立，有使贫弱农民部分解除"兼赋"之苦的积极作用。

7. 北魏前期，宗主督护制如何管理"村民"?

宗主督护制是北魏前期地方基层组织的一种形式。公元304年，进入十六国大动乱时期，留在北方地区的汉族世家大族与地方豪强通过作坞自保的方式成为坞主或壁帅，他们拥有

---

① 斤为非法定计量单位，1斤＝500克，下同。

众多的宗族、部曲，修有坞壁，建有甲兵。依附其下的农民往往有数百家、上千家，乃至万家，均为他们的私家人口。这些豪强被称做宗主，依附于他们的各类农民则是宗主的包荫户。宗主与包荫户之间是一种主人与佃客的关系。

公元 386 年前后，北魏统一之初，只是消灭了一些敌对政权，对这些遍地存在的宗主无法根除。为了稳定统治，便于征徭征税，于是就采取妥协政策，承认宗主对于包荫户的控制和奴役，并且以宗主对于包荫户的统治作为地方基层政权，以世家大族为宗主，督护百姓，于是形成"宗主督护制"。

• 知识窗 2：

我国古代指导"村民"生产技术的重要农书之——《齐民要术》

《齐民要术》大约成书于北魏末年（公元 533—544 年）。它是一部综合性农书，为中国古代五大农书之首，该书记述了黄河流域下游地区，即今山西东南部、河北中南部、河南东北部和山东中北部的农业生产，概述农、林、牧、渔、副等部门的生产技术知识。《齐民要术》是北朝北魏时期，南朝宋至梁时期，中国杰出农学家贾思勰所著的一部综合性农学著作，也是世界农学史上最早的专著之一，是中国现存最早的一部完整的农书。全书 10 卷 92 篇，系统地总结了六世纪以前黄河中下游地区劳动人民农牧业生产经验、食品的加工与贮藏、野生植物的利用，以及治荒的方法，详细介绍了季节、气候、不同土壤与不同农作物的关系，被誉为"中国古代农业百科全书"。

8. 唐朝时期，"租庸调制"对村民的赋税是怎么规定的?

公元 619 年（唐高祖武德二年），出现了"租庸调制"。它是以征收谷物、布匹或者为政府服役为主，以"均田制"为基础的赋役制度。"租庸调制"规定，凡是均田人家，不论田地有多少，都按照人口数量交纳定额的赋税并服一定的徭役。租庸调的制定和实施都需要"均田制"的配合，一旦均田被破坏，租庸调法则会随之失败。武周后，由于人口增加，土地不断被兼并，政府已无土地实行"均田制"，农民按人口计算所得的土地不足，又要缴纳定额的租庸调，无力负担，大多逃亡。

9. 保甲制在村民管理中是如何发展和演变的?

保甲制度是一种户籍管理制度，它萌生于先秦，定型于秦汉，确立于隋唐，完善于北宋，发展于元明清，延续于民国，沿袭长达三千年之久。

公元前 1046 年至公元前 771 年（西周时期），诸侯国都有国、野之分，国分为六乡，野分为六遂。《周礼·地官·大司徒》中记载："令五家为比，使之相保；五比为闾，使之相受；四闾为族，使之相葬；五族为党，使之相救；五党为州，使之相赒；五州为乡，使之相宾"，称为"六乡制"；《周礼·遂人》中记载："五家为邻，五邻为里，四里为酂，五酂为鄙，五鄙为县，五县为遂"，称为"六遂制"。

公元前 349 年，战国商鞅第二次变法，要求居民登记户籍，实行居民五家为"伍"，十家为"什"的连坐法，将"伍"

"什"作为基层单位。唐朝以四家为"邻"，五邻为"保"，百户为"里"。

公元 1070 年（熙宁三年），北宋王安石变法，司农寺制定《畿县保甲条制》，把保甲制推到了政治军事管理的高度，实行"什伍其民""变募兵而行保甲"。各地农村住户，不论是主户还是客户，每十户（后改为五户）组成一保，五保为一大保，十大保为一都保；元朝以二十户为一甲，设甲生。

公元 1206 年，蒙古建国后实行千户制，规定：每十户设一个十户长，每百户设一个百户长，每千户设一个千户长。由下到上，层层隶属。

公元 1381 年（洪武十四年），明太祖推行赋役法：以一百十户为一里，推丁粮多者十户为长，余百户为甲，甲凡十人。岁役里长一人，甲首一人，董一里一甲之事。先后以丁粮多寡为序，凡十年一周，曰排年。

公元 1644 年（清顺治元年），直隶、山西、山东推行保甲制，到康熙四十七年（公元 1708 年），由原来的保甲二级变为牌、保、甲三级制。乾隆二十二年（公元 1757 年），规定"甲长三年更代""保长一年更代"。

保甲制的基本形式是十进制：十户为甲，十甲为保，十保为乡镇。鉴于各地地理、交通、经济情况各异，具体实行时是有弹性的。"甲之编制以十户为原则，不得少于六户、多于十五户""保之编制以十甲为原则，不得少于六甲、多于十五甲""乡镇之划分以十保为原则，不得少于六保、多于十五保"。

辛亥革命推翻帝制，民国时期国民政府仍沿袭历代封建旧制。1937 年 2 月，南京行政院公布修正《保甲条例》，并在全国推行。保甲编组以户为单位，设户长；十户为甲，设甲长；十甲为保，设保长。

1949 年，中华人民共和国成立，几千年的保甲制度才寿终正寝。

· 知识窗 3:

我国古代指导村民生产技术的重要
农书之二——《王祯农书》

《王祯农书》由中国古代农学家、农业机械学家王祯于公元 1313 年完成，分为《农桑通诀》《百谷谱》和《农器图谱》三大部分，最后所附《杂录》包括了两篇与农业生产关系不大的"法制长生屋"和"造活字印书法"。《王祯农书》在中国古代农学遗产中占有重要地位，它兼论了当时的中国北方农业技术和南方农业技术。王祯自己是山东人，在安徽、江西两省做过地方官，又到过江、浙一带，所到之处，常常深入农村做实地观察。因此，《农书》里无论是记述耕作技术，还是农具的使用，或是栽桑养蚕，总是时时顾及南北的差别，致力于其间的相互交流。如垦耕，书中就详述了南北的特点，并说："自北至南，习俗不同，曰垦曰耕，作事亦异。"（《垦耕篇第四》）又常把几种作用相同、形制相异的农具放在一起加以叙述，以便于人们比较采用，如："今并载之，使南北通知，随宜而用，无使偏废。"（《耙耢篇第五》）养蚕方面，采撷南北养蚕方法加以叙述，并指出各自优缺点，目的是"择其精妙，笔之于书，以为必效之法。"（《蚕缫篇第十五》）可以说，在《王祯农书》以前所有的综合性整体农书，像《氾胜之书》《齐民要术》《农桑辑要》等，都只记述了北方的农业技术，没有谈及南方，更没有注意促进南北技术的交流。

10. 清代管理游牧民的主要方式是什么？

清代管理游牧民的主要方式是八旗制度。八旗最初源于满洲（女真）人的狩猎组织，是清代旗人的社会生活军事组织形式，也是清代的根本制度。

公元 1601 年（明万历二十九年），努尔哈赤整顿编制，分别以牛录额真、甲喇额真、固山额真为首领。设置黄、白、红、蓝 4 色旗，编成四旗。万历四十三年（公元 1615 年），增设镶黄、镶白、镶红、镶蓝 4 旗，八旗制度由此确立。满洲（女真）社会实行八旗制度，成年男人在有战事时都是士兵，无战事时都是牧民，军队具有极强的战斗力。

努尔哈赤设置蒙古旗，到公元 1635 年（皇太极天聪九年），编成蒙古八旗。公元 1631 年（天聪五年），皇太极设置汉军旗，到公元 1642 年（崇德七年），完成了汉军八旗的编制。从此，八旗统率了八旗满洲、八旗蒙古、八旗汉军。

11. 太平天国时期管理村民的天朝田亩制度有何特点？

公元 1853 年（太平天国癸好三年），太平天国建都天京（今南京）后颁布《天朝田亩制度》。它是太平天国时期的纲领性文件，是洪秀全根据平等思想而提出来的。它的主要内容有 4 项。一是宣布一切土地和财富都属于皇上帝所有。确定："凡天下田，天下人同耕"的原则，"有田同耕，有饭同食，有衣同穿，有钱同使"。规定"凡田分九等"，"凡分田：照人口，不论男妇，好丑各一半"。二是规定县以下行政制度，设立各级乡官，并规定乡官的保举、升贬、奖惩办法。凡居民25家为"两"，设"两司马"负责管理生产、分配、教育、宗教、司法以及地方武装等工作。三是规定余粮、余钱缴"国库"的办法，每家农副业收获，扣除口粮外，其余送缴"国库"按制发给。四是废除封建买卖婚姻，规定"凡天下婚姻，不论财"。

12.《井冈山土地法》对村民土地的分配方式和意义是什么？

1928年底，湘赣边区政府根据井冈山地区一年来土地革命的实践经验，制定了我党历史上第一个土地法——《井冈山土地法》。这个土地法否定了封建土地所有制，规定"没收一切土地归苏维埃政府所有""以人口为标准，男女老幼平均分配"，主要以乡为分配单位。

《井冈山土地法》解决了土地的没收与分配、山林的分配和竹木的经销、土地税的征收和使用等问题。但这部土地法也存在一些缺陷：一是没收一切土地而不是没收公共的土地和地主土地进行分配；二是土地所有权属于政府而不是属于农民自己，农民只有使用权；三是禁止土地买卖。

《井冈山土地法》是中国共产党在土地革命战争初期制定的第一部较为成熟的土地法。它的颁布和实施，改变了几千年来地主剥削农民的封建土地关系，从法律上保障了农民对土地的合法权益。它不仅指导了湘赣边界的土地革命斗争，而且为以后中国共产党领导进行伟大的土地革命斗争提供了宝贵的经验。

13. 解放战争时期是如何确保人民拥有土地的？

1947 年 9 月，中国共产党在西柏坡召开了全国土地会议，详细研究了中国土地制度和土地改革的经验，并制定了具有历史意义的《中国土地法大纲》。该大纲共 16 条。其中，第一条明确："废除封建性及半封建性剥削的土地制度，实行耕者有其田的土地制度"；第十一条明确："分配给人民的土地，由政府发给土地所有证"。

当时，颁发土地证成为各地完成土地改革、巩固胜利成果、确定产权、查实田亩、提高农民生产组织性的一个重要措施。中共中央也及时肯定和推广各地土地改革中确权登记发证的成功做法和经验，并多次对一些地区土地改革的报告作出重要批示。

14. 20 世纪 50 年代为什么要组织农民走农业生产合作化道路？

1951 年 12 月，党中央颁发了一系列的决议，规定了我国的农业社会主义改造的路线、方针和政策。1953 年春，中国土地改革基本完成，获得土地的农民有了极大的生产积极性，但分散、脆弱的农业个体经济既不能满足工业发展对农产品的需求，又有两极分化的危险。当时中央认为，只有组织起来互助合作，才能发展生产，共同富裕。1953 年，发布了《中共中央关于农业生产互助合作的决议》《中共中央关于发展农业合作社的决议》，中国农村开始了互助合作运动引导农民参加农业生产合作社，走集体化和共同富裕的社会主义道路。到 1956 年底，农业社会主义改造在经历了互助组、初级社、高级社三阶段后基本完成，全国加入合作社的农户达 96.3%。通过合作化道路，把农民个体经济逐步转变为社会主义集体经济。

15. 20 世纪 50 年代人民群众是如何走上人民公社化道路的?

1958 年 3 月，中共中央政治局成都会议通过了《关于把小型的农业合作社适当地合并为大社的意见》。会后，各地农村开始了小社并大社的工作，有的地方出现了"共产主义公社""集体农庄"，有的地方出现了"人民公社"。当年 8 月 6 日，毛泽东视察河南新乡七里营人民公社时，说"人民公社"名字好；9 日，在与山东领导谈话时说，还是办人民公社好，并指出公社的特点是一大二公。谈话在报纸上发表后，各地掀起了办人民公社的热潮。8 月，中共中央政治局在北戴河召开扩大会议，会议通过了《中共中央关于在农村建立人民公社问题的决议》，全国迅速形成了人民公社化运动的热潮。到 10 月底，全国 74 万多个农业生产合作社改组成 2.6 万多个人民公社，参加公社的农户有 1.2 亿户，占全国总农户的 99% 以上，全国农村基本上实现了人民公社化。

> ● **知识窗 4:**
>
> ### 人民公社的组织架构
>
> 1958 年 8 月，中共中央政治局扩大会议通过了《中共中央关于在农村建立人民公社的决定》，推行人民公社化运动，撤乡、镇并大社，以政社合一的人民公社行使乡镇政权

职能，农业生产合作社改称生产大队。人民公社下辖生产大队，成立大队管理委员会，设大队长、副大队长、秘书（有的由会计兼任）、保管员、出纳员、民兵队长、治保主任和妇代会主任。公社干部为国家干部，大队干部一般由脱产或不脱产的村民担任。大队下辖生产队，设立队务委员会，选举队长、副队长、妇女副队长、会计（兼记工员）、保管员。

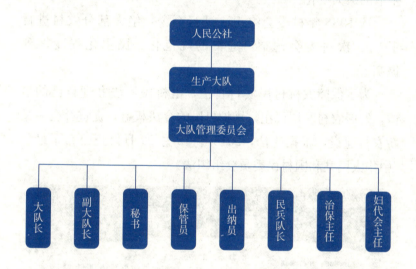

16. 村民委员会是如何出现和发展的?

1980年广西宜山、罗城两县的农民自发地组成了一种准政权性质的群众自治组织，后来称为"村民委员会"。它的出现，标志着人民公社化以来的生产大队的行政管理体制开始解体。此时，村委会的功能只是协助政府维护社会治安。之后，河北、四川等省农村也出现了类似的群众性组织，并且越来越向经济、政治、文化等方面扩展。

1982 年我国宪法确认了村民委员会的法律地位，为村民自治提供了法律依据。

1988 年 6 月 1 日，《村民委员会组织法》开始试行，之后约有 60% 的行政村初步实行了村民自治。当年，《村民委员会组织法》修订稿正式颁布实施，从民主原则到公民行为经历了巨大的历史跨越，也是自农村实行家庭联产承包责任制后政治生活的最大变化。

从 1988 年村委会组织法试行至今，绝大部分农村进行了 3～4 次村委会选举，选举的规范化、民主化程度得到提高。

为了保障农村村民实行自治，由村民依法办理自己的事情，发展农村基层民主，维护村民的合法权益，促进社会主义新农村建设，根据宪法，2018 年 12 月 29 日修正公布了最新《中华人民共和国村民委员会组织法》。

• **知识窗 5:**

日本——造村运动

第二次世界大战后，日本政府为了振兴乡村，实现城乡一体化目标，在全国大力倡导和扶持以立足乡土、自立自主、面向未来的造村运动。日本各地区纷纷响应政府号召，根据自身的实际情况，因地制宜地培育富有地方特色的农产品，逐步形成"一村一品"的农村发展模式。政府的主要做法：一是根据乡村的地形特点和自然条件，培育了水产品产业基地、香菇产业基地、牛产业基地等独具特色的农产品生产基地；二是采取对农、林、牧、副、鱼产品实行一次性深加工的策略，进一步提升农产品的附加值；三是在农产品的生产、加工、流通和销售环节建立产业链，促进产品的顺利交易；四是大规模举办各类农业培训班，建立符合农民需求的补习中心，提高农民的综合素质和农业知识；五是政府对农业生产给予大量补贴和投入，大力支持农村发展。日本的造村运动振兴了日本农村经济，促进了日本农业现代化的实现。

二、村委会建设篇

17. 村民委员会设立的原则是什么？

《村民委员会组织法》第三条规定："村民委员会根据村民居住状况、人口多少，按照便于群众自治，有利于经济发展和社会管理的原则设立。"

设立的原则是：①规模要适中。村民委员会一般设在自然村，也可由几个自然村联合设立村民委员会；大的自然村可以设立几个村民委员会。②要考虑自然地理状况。如各自然村之间的相互关系，注意

考虑交通、风俗等多种因素。③要照顾民族分布。在多民族杂居地区设立村民委员会，一定要考虑民族关系。在某一民族相对聚集地，即使面积较小，人口较少，也应单独设立，以维护民族团结，促进各民族的共同繁荣富裕。④要有利于村民行使民主权利。农村实行村民自治的实质就是要便于村民行使民主权利，让村民充分享受民主。⑤要有利于社会稳定和经济发展。设立村民委员会一定要从实际出发，使村民直接管理本村事务，以充分体现村民当家做主的精神。

• 知识窗 6:

韩国——新村运动

20世纪70年代，韩国政府为推动农村发展，增加农民收入，在全国实行新村运动。政府的主要做法：一是整顿农村生活环境，提升农民生活质量。在农村兴建公共道路、地下水管道、河道桥梁，以此对农村破旧的基础设施进行改造。二是转变农业生产方式，提升村民的经济收入。大力推广水稻新品种，增种经济类作物，建设专业化农产品生产基地。实施"农户副业企业"计划、"新村工厂"计划、"农村工业园区"计划等一系列增加农民收入的重要举措。三是加强对各类农户提供专业服务和生产指导，以此促进城乡实现共赢。四是重视文化建设，在乡镇和农村建立村民会馆，开展各类文化活动，激发农民的参与性和积极性。五是开展国民精神教育活动，提高村民的知识文化，让村民自己管理和建设乡村。新村运动的实施改变了韩国落后的农村面貌，重新焕发了乡村的活力，实现了农业现代化的目标。

18. 村民委员会的作用是什么？

根据《村民委员会组织法》第二条，村民委员会的性质是：村民自我管理、自我教育、自我服务的基层群众性自治组织，实行民主选举、民主决策、民主管理、民主监督。村民委员会的作用是：

（1）组织带领村民开展多种形式的社会主义精神文明建设。社会主义精神文明与物质文明是相辅相成的关系。村委会通过宣传宪法、法律、法规和国家的政策，维护居民的合法权益，教育居民履行依法应尽的义务等。

（2）推进乡镇民主政治建设。村委会在组织村民开展自治活动时发挥重要作用，增强基层群众的民主意识，提高村民在村委会换届选举中的参选率，促进了农村政治民主化的进步。

（3）成为政府和群众联系的桥梁。村委会负责办理本居住地区村民的公共事务和公益事业，向人民政府或者它的派出机关反映村民的意见、要求和提出建议，成为缓和政府与群众矛盾的媒介。

19. 村民委员会的组成、机构和职责是什么？

《村民委员会组织法》第六条规定："村民委员会由主任、副主任和委员共三至七人组成。村民委员会成员中，应当有妇女成员，多民族村民居住的村应当有人数较少的民族的成员。"

（1）村民委员会根据需要设人民调解、治安保卫、公共卫生与计划生育等委员会。村民委员会成员可以兼任下属委员会的成员。人口少的村的村民委员会可以不设下属委员会，由村民委员会成员分工负责人民调解、治安保卫、公共卫生与计划生育等工作。

（2）村民委员会应当支持和组织村民依法发展各种形式的合作经济和其他经济，承担本村生产的服务和协调工作，促进农村生产建设和经济发展。村民委员会依照法律规定，管理本村属于村民集体所有的土地和其他财产，引导村民合理利用自然资源，保护和改善生态环境。村民委员会应当尊重并支持集体经济组织依法独立进行经济活动的自主权，维护以家庭承包经营为基础、统分结合的双层经营体制，保障集体经济组织和村民、承包经营户、联户或者合伙的合法财产权和其他合法权益。

（3）村民委员会应当宣传宪法、法律、法规和国家的政策，教育和推动村民履行法律规定的义务，爱护公共财产，维护村民的合法权益，发展文化教育，普及科技知识，促进男女平等，做好计划生育工作，促进村与村之间的团结、互助，开展多种形式的社会主义精神文明建设活动。村民委员会应当支持服务性、公益性、互助性社会组织依法开展活动，推动农村社区建设。多民族村民居住的村，村民委员会应当教育和引导各民族村民增进团结、互相尊重、互相帮助。

（4）村民委员会及其成员应当遵守宪法、法律、法规和国家的政策，遵守并组织实施村民自治章程、村规民约，执行村民会议、村民代表会议的决定、决议，办事公道，廉洁奉公，热心为村民服务，接受村民监督。

20. 村民委员会的设立、撤销、范围调整的程序有哪些？

《村民委员会组织法》第三条规定："村民委员会的设立、撤销、范围调整，由乡、民族乡、镇的人民政府提出，经村民会议讨论同意，报县级人民政府批准。"一个新的村委会的出现（无论新设、分割、合并或撤销），在审批程序中都要按以下三步来完成：

第一步，乡、民族乡、镇的人民政府提出。根据《村民委员会组织法》的规定，乡、民族乡、镇的人民政府有权力也有责任根据村委会设置原则，结合本乡镇实际情况，提出村委会的设立、撤销、分割、合并等方案，不能由其他组织和个人提出。当然，乡镇一级人民政府也不应忽视广大村民的强烈要求和社会发展的实际需求，无视由于村委会设置不合理造成的不便于村民开展自治活动的实际状况。

第二步，村民会议讨论。乡镇一级人民政府提出的涉及村委会设立、撤销或范围调整的方案，须交村民会议讨论，让村民充分发表意见。因为村民大会是乡村社区最高权力机关，如果有半数以上村民同意，此方案才有效，否则为无效。乡镇一级人民政府提出的方案，如果不经村民大会讨论，则为违法。

第三步，报县级人民政府批准。我国村民自治是党领导下的自治，是法定范围内的自治。涉及村委会设立、撤销、调整方案由乡镇一级人民政府提出后，经村民会议讨论通过，尚须报县、不设区的市、市辖区的人民政府审核批准，方为有效。

21. 村民委员会成员的基本条件是什么？

《村民委员会组织法》第十条规定："村民委员会及其成员应当遵守宪法、法律、法规和国家的政策，遵守并组织实施村民自治章程、村规民约，执行村民会议、村民代表会议的决定、决议，办事公道，廉洁奉公，热心为村民服务，接受村民监督。"对村民委员会成员应具备的基本条件提出了要求。村民委员会成员必须遵守宪法、法律、法规和国家政策，带头学法，自觉守法。同时，作风一定要民主，这是村民委员会作为群众自治组织的性质所决定的。无论是在办理公共事务、公益事业，还是在调解民间纠纷、协助维护社会治安的时候，都必须依靠全体村民的力量，群策群力共同完成。

22. 村民委员会成员中为什么要有妇女成员？

《村民委员会组织法》第六条规定："村民委员会成员中，应当有妇女成员，多民族村民居住的村应当有人数较少的民族的成员。"妇女在村民委员会成员中应占有适当名额，这是因为：

（1）按照宪法第48条规定："中华人民共和国妇女在政治的、经济的、文化的、社会的和家庭的生活等各方面享有同男子平等的权利。国家保护妇女的权利和利益，实行男女同工同酬，培养和选拔妇女干部。"妇女参与村民委员会的领导工作，直接进行乡镇社会生活管理，是妇女的民主权利，也是我们社会主义国家中男女在政治上平等的具体体现。

（2）妇女参加村民委员会工作，直接参加管理乡镇社会事务，能够有效地维护妇女的利益，保护妇女儿童的合法权益，积极反映广大农村妇女的呼声和愿望，同一切歧视、虐待妇女的思想和行为作斗争，提高妇女在农村的政治地位和社会地位。

（3）我国农村人口妇女占很大比例，在村民委员会各项工作中，在办理公共事务和公益事业，调解民间纠纷，协助维护社会治安，健全发展乡镇的社会主义民主，发展农村经济等方面，妇女都将发挥重要作用。有一定数量的妇女参加村民委员会工作，可以密切同妇女群众的联系，加强对妇女的教育和管理，充分调动广大农村妇女的社会主义积极性。

· **知识窗 7：**

德国——村庄更新

德国的村庄更新是政府改善农村社会的主要方式，经历了不同的发展阶段。20世纪50年代，德国政府正式提出村庄更新，在《土地整理法》中，政府将乡村建设和农村公共基础设施完善作为村庄更新的重要任务。20世纪70年代，德国在总结原有村庄更新经验的基础上，首次将村庄更新写入到修订的《土地整理法》。到了 20 世纪 90 年代，村庄更新融入了更多的科学生态发展元素，乡村的文化价值、休闲价值和生态价值被提升到和经济价值同等的重要地位，实现了村庄的可持续发展。德国村庄更新的周期虽然漫长，但对于乡村治理来说，这种对村庄循序渐进的发展步骤保持了农村的活力和特色。

23. 村民委员会成员的补贴有什么要求和规定?

《村民委员会组织法》第六条规定："对村民委员会成员，根据工作情况，给予适当补贴。"

如何才能做到适当补贴，应当同本村的经济状况和村委会成员所承担的任务结合起来考虑。一般来说，对村委会成员的补贴，应当大体相当于当地相同劳动力的平均收入。补贴太高，增加村民的负担；补贴太低，影响村委会成员的切身利益，不利于调动村委会成员的积极性，也不利于自治工作的开展。经济状况较好、村民个人收入较高的地区，补贴相应可以高些；反之，补贴相应低一些。村委会成员所承担的任务重的，补贴可以适当高些；反之，可以适当低些。

24. 村民委员会与村党支部的关系是什么?

村党支部与村民委员会是领导与被领导关系，这是党章中明确规定的。党章规定：党的基层组织是党在社会基层组织中的战斗堡垒，是党的全部工作和战斗力的基础。街道、乡、镇党的基层委员会和村党支部，领导本地区的工作，支持和保证行政组织、经济组织和群众自治组织充分行使职权。村民委员会是村民自我管理、自我教育、自我服务的基层群众性自治组织，村民自治是在党的领导下，在国家规定的范围内的自治。

《村民委员会组织法》第四条规定："中国共产党在农村的基层组织，按照中国共产党章程进行工作，发挥领导核心作用，领导和支持村民委员会行使职权；依照宪法和法律，支持和保障村民开展自治活动、直接行使民主权利。"村党支部对村民委员会的领导作用主要体现在三个方面：

一是领导核心作用，提出全村经济发展与精神文明建设的意见，通过村民委员会的工作，把党的方针、政策和党支部的意图变为群众自觉行动，协调村民委员会同其他组织的关系。

二是战斗堡垒作用，按照先党内后党外原则，讨论决议村内重大事情，充分发挥党员的先锋模范作用，对村民会议或村民代表会议作出的决议、决定自觉维护和遵守，并监督考核在村民自治组织中工作的党员和干部。

三是支持保障作用，支持和保障村民委员会依照法律规定独立负责地开展活动，行使职权。

25. 村民委员会与乡镇人民政府的关系是什么？

《村民委员会组织法》第五条规定："乡、民族乡、镇的人民政府对村民委员会的工作给予指导、支持和帮助，但是不得干预依法属于村民自治范围内的事项。村民委员会协助乡、民族乡、镇的人民政府开展工作。"这种指导和协助的关系，是由村民委员会的性质所决定的。因为村民委员会既不是一级政权组织，也不是乡镇人民政府的派出机构，而是村民自我管理、自我教育、自我服务的基层群众性自治组织。

乡镇人民政府对村民委员会的指导主要体现在：

（1）政策指导，即保证村民委员会的决议、决定及工作符合党的政策和国家的法律规定。

（2）组织指导，即指导和帮助村民委员会搞好班子建设，特别是村民委员会的换届选举工作。

（3）工作指导，即指导村民委员会依法办好各项工作，如办理公共事务和公益事业，维护社会治安，调解民间纠纷，建立健全社会化服务体系等。

村民委员会协助乡镇人民政府开展工作主要体现在：

（1）向村民宣传党的方针、政策和国家的法律、法令。

（2）按时完成上级人民政府及其有关部门依法布置的各项工作。

（3）及时向乡镇人民政府反映村民的意见、要求和建议。

26. 村民委员会的工作制度是什么？

村民委员会一般可建立以下工作制度：

（1）民主选举制度。这是村民委员会最重要、最根本的制度。进行民主选举，既保证了群众组织的自治性质，又能保证村民委员会工作人员的职责。选举制度除规定村民委员会成员必须由村民选举产生外，还规定村民委员会的选举程序、选举方法等。

（2）会议制度。会议制度是村民委员会的重要工作制度之一。在村民委员会会议上，可以集中村民委员会成员代表全体村民提出的意见要求，汇报、检查和研究工作，讨论和布置下一步的工作，并统一大家的思想认识，作出决议；可以讨论决定工作的步骤、做法和要求；也可以交流工作经验，开展批评

与自我批评。这对于顺利完成各项工作，改进工作作风，防止
少数人包揽过多和独断专行的现象，是十分必要的。

（3）向村民报告工作的制度。制定和执行这一制度，可以
使村民委员会各个阶段的工作，都能为村民群众所了解。制定
向村民报告工作的制度，是充分发扬民主的一种形式。它可以
使村民群众感到自己确实是村民委员会的主人，村民委员会成
员真正是对村民负责的，因而信任和拥护村民委员会，积极参
加村民委员会的工作。

27. 为什么要选举村民委员会?

选举村民委员会是贯彻落实党和政府的方针政策，促进农
村社会主义物质文明、政治文明、精神文明建设的有力保证。
村民委员会换届选举，保持了村民委员会的生机和活力，加强
了村民委员会领导班子建设，为我国农村的改革、发展、稳定
提供了强有力的组织保障。

村民委员会换届选举是乡镇社会主义民主建设的重要内
容。建设高度的社会主义民主离不开广大农村阵地，而农民群
众在农村社会政治生活中享有社会主义民主直接选举的权利，
这是发展社会主义民主的一项很重要的基础工作，也是乡镇社
会主义民主建设的重要内容。

村民委员会换届选举是密切干群关系、稳定社会秩序的有
效途径。村民委员会干部由村民直接选举，对村民来说，村民
委员会干部村民选，村民当然要拥护和支持自己选的干部，也
就能够积极完成村民委员会布置的任务；对干部来说，村民选
的干部自然有群众基础，工作起来就顺利得多，村内的难点、
热点问题就能得到较好解决。干群关系融洽了，社会矛盾缓解

了，社会秩序好转了，农村就会出现安定团结的美好局面。

- **知识窗 8：**

荷兰——农地整理

荷兰的国土面积仅为 4 万多平方公里，却成为了仅次于美国的世界第二大农业出口国，这与其实行精简集约型的"农地整理"密切相关。

早在 20 世纪 50 年代，荷兰政府就颁布实行了《土地整理法》，明确了政府在乡村治理中的各项职责和乡村发展的基本策略。之后通过《空间规划法》，对乡村社会的农地整理作了详细规定，明确乡村的每一块土地使用都必须符合法律规定。

1970 年以后，荷兰政府完善了农地整理的目标，通过更加科学合理的规划和管理，避免和减少农地利用的碎片化现象，实现农地经营的规模化和完整性。荷兰政府改变了过去只强调农业发展的单一路径，转向多目标体系的乡村建设。

如：推进可持续发展的农业，提高自然环境景观的质量；合法规划农地利用，推进乡村旅游和服务业的发展；改变乡村生活质量，满足地方需求等。通过农地整理，荷兰的乡村不仅环境良好、景观美丽，而且农业经济发达，农民的生活条件也日益优越。

精简集约型模式是国家在农村资源相对有限的情形下，通过对乡村的精耕细作、多重精简利用的方式，达到规模化和专业化的经济社会效益。

28. 村民委员会选举的原则和要求是什么?

村民委员会选举要遵循以下几个方面的原则和要求是:

(1) 普遍选举的原则。按照《村民委员会组织法》第十三条:"年满十八周岁的村民,不分民族、种族、性别、职业、家庭出身、宗教信仰、教育程度、财产状况、居住期限,都有选举权和被选举权;但是,依照法律被剥夺政治权利的人除外。"

(2) 直接选举的原则。村民委员会主任、副主任和委员,由村民直接选举产生。任何组织或者个人不得指定、委派或者撤换村民委员会成员。村民委员会每届任期五年,届满应当及时举行换届选举。村民委员会成员可以连选连任。

(3) "双过半"原则。选举村民委员会,有登记参加选举的村民过半数投票,选举有效;候选人获得参加投票的村民过半数的选票,始得当选。当选人数不足应选名额的,不足的名额另行选举。另行选举的,第一次投票未当选的人员得票多的为候选人,候选人以得票多的当选,但是所得票数不得少于已投选票总数的三分之一。

(4) 无记名投票选举的原则。选举实行无记名投票、公开计票的方法,选举结果应当当场公布。选举时,应当设立秘密写票处。登记参加选举的村民,选举期间外出不能参加投票的,可以书面委托本村有选举权的近亲属代为投票。村民选举委员会应当公布委托人和受委托人的名单。

具体选举办法由省、自治区、直辖市的人民代表大会常务委员会规定。

(5) 差额选举的原则。选举村民委员会,由登记参加选举的村民直接提名候选人，候选人的名额应当多于应选名额。

29. 村民委员会选举的方式和基本程序是什么？

《村民委员会组织法》第十一条第一款规定："村民委员会主任、副主任和委员，由村民直接选举产生。任何组织或者个人不得指定、委派或者撤换村民委员会成员。"

村民直接投票选举村民委员会成员，是亿万农民当家做主的根本体现。社会主义民主的本质特征是人民群众当家做主，人民是国家的主人。直接选举村民委员会，使农民群众除了正常行使直接选举县、乡人大代表的民主权利之外，又获得了村民委员会干部的任免大权，成为社会主义民主在乡镇的重大发展和主要内容。村民直接投票选举村民委员会成员，是村民自治的必然要求。自治权，首先必须有选举权。作为群众性自治组织的村委会，如果不是村民直接投票选举产生的，就不会有坚固的群众基础，就不会切实向村民负责，村民自治就难以实现。

另外，村民小组长由村民小组会议推选产生。村民小组会议由本组 18 周岁以上村民参加。推选村民小组长的村民会议，与选举村民委员会成员同步的，由村选举工作领导小组成员主持；新一届村民委员会组成后选举村民小组长的，由村民委员会成员主持。

推选村民小组长，应召开村民小组会议，由本组村民提出候选人，无记名投票选举产生。村民小组长的任期与本届村民委员会委员相同，可以连选连任。推选出村民小组长后，村民委员会应张榜公布，并造册登记报乡（镇）人民政府备案。

30. 村民选举委员会的主要职责有哪些?

村民选举委员会是直接、具体主持本村的选举工作的机构，其成员由村民会议、村民代表会议或村民小组推选产生，一般为3～5人，特殊情况亦可5～7人。村民选举委员会的组成人员名单须报乡级人民政府备案，并接受乡级选举工作指导组的指导。村民选举委员会是主持村委会选举的唯一合法的机构，其他任何机构都无权主持村委会的选举。它是一个临时机构，当村委会换届选举工作结束后，这个机构就不复存在。

村民选举委员会的主要职责是：

（1）制定选举工作方案，组织村民学习法律、法规及有关文件；

（2）确定和培训选举工作人员；

（3）负责选民登记，公布选民名单，受理选民申诉；

（4）组织选民酝酿、推荐村民委员会成员的初步候选人或进行预选确定并公布正式候选人名单；

（5）与选民商定选举方式和投票方法；

（6）确定公布选举日期和地点以及投票站，召开并主持选举大会；

（7）解答选民提出的有关选举方面的问题；

（8）组织投票，确定选举结果是否有效，公布当选的村民委员会成员名单，并报乡级人民政府备案；

（9）总结选举工作经验，整理、建立选举工作档案；

（10）承办选举工作中的其他事项。

村民选举委员会的一项重点工作是制定村换届选举实施方案。其主要内容应包括：

（1）本届村民委员会成员数额（实行定岗选举的明确具体岗位）；

（2）登记参加选举村民的条件、时间；

（3）村民代表名额确定及推选方式；

（4）选举工作人员的提名；

（5）提名候选人日期及投票方式（实行无提名候选人选举的明确报名截止日期）；

（6）正式选举的时间及投票场地安排；

（7）办理委托投票的条件、办法、时间、负责人员；

（8）村务监督委员会推选安排；

（9）上届村民委员会与新一届村民委员会的工作交接时间；

（10）健全组织完善制度的时间安排；

（11）换届选举的组织保障措施等。

31. 村民选举委员会如何产生？

村民选举委员会成员有两种产生方式：一是由村民会议推选产生，二是由各村民小组推选产生。除此之外，任何组织和个人，都不得委派或指定村民选举委员会的成员。这是由村委会的性质和村民自治的要求所决定的。较大的村，一般在各村民小组中组织推选，然后把票数集中，票数高者当选。较小的村，可以直接召开村民会议，当场推选确定村民选举委员会的成员。提倡按照法定程序将村党组织负责人推选为村民选举委员会主任，主持村民选举委员会工作。村民选举委员会成员被确定为村民委员会候选人的，应退出村民选举委员会。

推选村民选举委员会的工作，一般由原村委会主持进行。

村民选举委员会的人数，根据村委会规模的大小、村民人数的多少、村级选举工作量的情况来确定，一般为 3～5 人，特殊情况也可以 5～7 人。

要做好村民选举委员会成员的推选工作，还必须把握好以下几点：

（1）应尽可能把熟悉本村情况，在村民中有较高威望，有较强的工作能力，并且乐于为村民服务的人推选出来。这是因为村民选举委员会成员的素质和工作能力将直接影响村委会选举工作的效果，影响村委会领导班子的产生。

（2）村民选举委员会成员的构成要合理。村民选举委员会成员中应该既有村级党组织和其他有关组织的代表，也应该有村民小组长的代表和村民代表，最好还应该有村中有威望的老干部、老党员的代表。在推选村民选举委员会成员时，可以预先讲明成员比例构成，以便供村民推选时参考。村民选举委员会的负责人一般由村党组织或在村中享有较高威望的老干部、老党员担任。

（3）村委会成员正式候选人不能担任村民选举委员会成员。凡先期被推进村民选举委员会的村委会正式候选人，应当辞去村民选举委员会的职务，并及时增补他人。

（4）村民选举委员会的组成人员名单要及时报乡（镇）人民政府备案，接受县乡选举工作机构的指导。

村民选举委员会要秉公执法，向全体村民负责。选举工作结束后，要及时做好总结和档案的整理工作，向新的村委会做好选举档案的交接工作。

村民选举委员会行使职责，从组成之日起至新一届村民委员会召开第一次会议为止。村民选举委员会经过村民会议或村民代表会议讨论通过建立之后，必须向全体村民发出公告。

32. 村民委员会的每届任期是几年？

《村民委员会组织法》第十一条第二款规定："村民委员会每届任期五年，届满应当及时举行换届选举。村民委员会成员可以连选连任。"

2018 年 12 月 29 日颁布的《村民委员会组织法》将村干部一届任期由三年改为五年，与村和社区党的委员会、总支部委员会、支部委员会的任期保持一致，有利于完善基层群众自治制度和工作机制，促进村和社区公共事业健康有序发展，有利于实现村民（居）委会换届工作与村和社区党组织换届工作统一部署、统一实施，有利于保持基层群众自治组织负责人队伍相对稳定。

村民委员会是实施村民自治的重要载体，是村民身边最可依赖的支撑，保证村委会的相对稳定性，有助于村干部把更多精力放在村务管理、乡村发展上，在长远规划下施展拳脚，带领乡村致富。更现实地看，乡镇换届与村干部换届"同频"，还能方便工作对接。

33. 选民登记如何进行？

《村民委员会组织法》第十三条第一款规定："年满十八周岁的村民，不分民族、种族、性别、职业、家庭出身、宗教信仰、教育程度、财产状况、居住期限，都有选举权和被选举权；但是，依照法律被剥夺政治权利的人除外。"根据这一规定，要成为村民委员会选举中的一员，至少要同时具备以下四个条件：

（1）年龄条件。必须年满 18 周岁。计算年龄的时间，以本村选举日为准；出生日期的确认，以身份证为准；新满 18 周岁未办理身份证的，以户口簿为准。

（2）属地条件。必须是本村村民。

（3）政治条件。除依照法律被剥夺政治权利的人和因各种严重的刑事犯罪案羁押，正在受侦察、起诉、审判的人不享有选举权和被选举权外，其余的人均享有选举权和被选举权。

（4）精神状态条件。公民要成为参加选举的村民，必须具有健全正常的精神状态，方能行使其选举权和被选举权。精神病患者在发病期间停止行使选举权，精神正常时可以行使选举权。

村民委员会选举前，应当对下列人员进行登记，列入参加选举的村民名单：

（1）户籍在本村并且在本村居住的村民。

（2）户籍在本村，不在本村居住，本人表示参加选举的村民。

（3）户籍不在本村，在本村居住一年以上，本人申请参加选举，并且经村民会议或者村民代表会议同意参加选举的公民。

已在户籍所在村或者居住村登记参加选举的村民，不得再参加其他地方村民委员会的选举。

登记参加选举的村民，选举期间外出不能参加投票的，可以书面委托本村有选举权的近亲属代为投票。村民选举委员会应当公布委托人和受委托人的名单。

参加选举的村民登记要按照法律的规定进行。第一次进行参加选举的村民登记要做到"四登""四不登"，换届选举时要进行补登，即做到"四增""四减"。

"四登"是指凡是同时具备以下四个条件的村民，可被登记为参加选举的村民：①有本村户口；②年满 18 周岁；③享有政治权利；④具有表达意志、行使选举权利的行为能力。

"四不登"是指凡具有下列四种情况之一的，经村民选举委员会确认后，不予登记：①患有精神病，经医院证明和家长确认不能行使选举权利的人员；②无法表达意志的痴呆人员；③村办企业和其他经济组织等临时雇用的非本村人员；④被依法剥夺政治权利的人员。经登记确认的参加选举的村民资格长期有效（依法被剥夺政治权利的人除外），在村民委员会选举换届时，只要在上一次登记的参加选举的村民名单的基础上，进行补登，采取"四增""四减"的办法对参加选举的村民进行补充登记和除名即可。

"四增"即补充登记以下四种人员：①上次参加选举的村民登记后至本届投票选举日新满 18 周岁的村民；②上次参加选举的村民登记后至本届投票选举日前一段时间，新迁入本村的参加选举的村民；③投票选举日前的一段时间，因婚姻、家庭等关系住进本村的参加选举的村民；④上次参加选举的村民登记后至本届投票选举日止，被剥夺政治权利期满后恢复政治权利的村民。

"四减"即从上次参加选举的村民名册中减去以下四种人员：①上次参加选举的村民登记后，迁出本村的村民；②投票选举日前的一段时间，因婚姻、家庭等关系迁出本村的村民；③上次参加选举的村民登记后至本届投票选举日前死亡的村民；④上次参加选举的村民登记后至本届投票选举门前，依法被剥夺政治权利的村民。

参加选举的村民登记的办法主要有两种：一种是设立登记站，一般按村民小组设立，村民到站登记；另一种是上门登记，由登记员挨家挨户登记。但是不论采取哪种登记办法，村民选举委员会必须印制参加选举的村民登记册，造册登记。这是为了在投票选举时，凭参选证核对参加选举的村民名册名单无误后才能发给选票。另外，还便于存档、备查。

登记参加选举的村民程序如下：

（1）公布选举登记日期、选举日期和登记条件。登记参加选举村民的工作之前，村民选举委员会应发布公告。

（2）确定和培训选举工作人员。选举工作人员由村民选举委员会从本村具有选举资格的村民中选任，具体数量可根据本村人口和居住条件确定。选举工作人员包括：登记员、选票代写人、监票人、计票人、唱票人、发票人等。选举工作人员确定后，应对他们进行培训。培训的形式：一是县、乡举办培训班；二是由乡镇指导村民选举委员会组织培训。

（3）造册登记。村民选举委员会应当制作登记参加选举的村民名册，对符合登记条件的村民造册登记，其式样如下：

××村第××届村民委员会参加选举村民花名册

序号	姓名	性别	民族	出生日期	户籍所在地	所在村民小组	身份证号码	备注

（4）审核和确认参加选举的村民名单。村民选举委员会必须对登记参加选举的村民名单进行认真的审核和确认，做到准确无误。对于情况特殊的、有争议的村民是否准予登记，应交由村民选举委员会逐个审核确认。

（5）公布参加选举的村民名单。村民选举委员会应当在正式选举日的二十日前，将参加选举的村民名单按村民小组顺序在本村的显要位置予以公布。

（6）受理村民申诉。村民对公布的名单有异议的，应当自名单公布之日起五日内向村民选举委员会申诉，村民选举委员会应当在收到申诉之日起三日内做出处理决定，并公布处理结果。如果对村民选举委员会做出的处理决定不服，可以自处理结果公布之日起三日内向乡、民族乡、镇的村民委员会选举工作指导小组申诉。乡、民族乡、镇的村民选举工作指导小组自收到申诉之日起两日内作出处理决定。

（7）发放参选证。村民选举委员会在正式选举日的七日前确定参加选举的村民名单，向参加选举的村民发放参选证。参选证要逐户发放。

• **知识窗 9：**

美国——乡镇自治体

美国乡镇自治的基本情况如下：

一是乡镇的领导机构由选举产生。早期美国的乡镇领导实行直接民主选举，乡镇居民大会作为乡镇的最高决策机构。随着人口的增多，乡镇居民代表大会取代了原先的乡镇居民大会。

二是决策透明、监督有力。美国乡镇政府的各种大小决策几乎都要经过听证。对于关系全体乡镇居民利益的重大事项的决策，还要进行乡镇全民公决。

三是财务公开。美国乡镇财务一般由选举产生的财政委员会负责管理。该委员会负责准备年度财政预算方案，提交给乡镇全体选民投票通过，如遭到否决，应做修改，直至投票通过为止。

四是乡镇的民间组织化程度高。各个乡镇充斥着各种乡间公民组织，它们不仅承担部分的乡镇公共服务职能，协同乡镇政府治理乡镇事务，而且还担负起监督乡镇政府、影响乡镇政府决策等职能。

五是乡镇自治权受到法律的制约。乡镇必须在不违背联邦宪法、州宪法和其他法律的情况下，制定本地的法律或规定。

六是转移支付是乡镇财政的重要保障。州政府对乡镇政府的转移支付有时能达到乡镇政府总预算的三分之一。有效的转移支付制度为乡镇政府实施公共服务提供了财政保障。

34. 村民委员会成员候选人应该具备哪些条件？

《村民委员会组织法》第十五条规定：选举村民委员会，由登记参加选举的村民直接提名候选人。村民提名候选人，应当从全体村民利益出发，推荐奉公守法、品行良好、公道正派、热心公益、具有一定文化水平和工作能力的村民为候选人。

村民委员会成员候选人的应具备以下条件：

村民委员会及其成员应当遵守宪法、法律、法规和国家的政策，遵守并组织实施村民自治章程、村规民约，执行村民会议、村民代表会议的决定、决议，办事公道，廉洁奉公，热心为村民服务，接受村民监督。

（1）拥护中国共产党的领导，自觉遵守宪法、法律法规，严格执行党在农村的各项方针政策，自觉接受乡镇党委的领导；

（2）思想解放，有经济头脑，组织领导能力强，致富带富和增加村级经营性收入的本领强，符合"双高双强"标准；

（3）品行良好，为人正派，处事公道，廉洁奉公，热心为村民办事；

（4）身体健康，具有一定文化水平，能胜任村民委员会的日常工作；

（5）法制观念强，三年内无被依法追究刑事责任或劳动教养，无违法违纪、正被立案侦查等行为（过失除外），无故意制造事端、扰乱村庄秩序、蓄意打击报复等行为，无违反计划生育法规政策超计划生育行为；

（6）选举期间无贿赂或者威胁选民，伪造选票，阻挠、干扰、妨碍、破坏选举或者违法许愿等行为。

候选人的名额应当多于应选名额。各省、直辖市、自治区有关村民委员会选举的地方法规，坚持差额选举的原则，规定村民委员会主任、副主任正式候选人的人数应比应选人数多1～3人。确定正式候选人的人数，关键要坚持差额选举的原则，主任、副主任、委员，不同职务分别差额，不得将不同职务候选人混在一起差额。

35. 村民委员会成员候选人是如何产生的？

村民委员会成员候选人的产生包括以下步骤：

（1）确定候选人人数。村民委员会由主任、副主任和委员共3～7人组成，候选人数应多于应选人数。村民委员会具体职数可由乡级人民政府提出建议，经村民会议或村民代表会议讨论决定。村民委员会主任候选人的名额应当比应选名额多一人，副主任候选人的名额应当比应选名额多一人；委员的应选人数不超过三人的，其候选人的名额应当比应选人数多二人，超过三人的，其候选人的名额应当比应选人数多三人。

（2）确定候选人的资格条件。村民委员会成员应当具备遵纪守法、廉洁奉公、品行良好、公道正派、热心公益等基本条件；在不违反法律法规的前提下，村民选举委员会可以结合本村的具体情况，以及村民委员会的工作需要，拟定村民委员会成员候选人的资格条件，提请村民会议或者村民代表会议通过，向全体村民公布，并报县、乡两级指导机构备案。县级村民委员会换届选举指导小组依据有关规定，可以结合本地实际对选举中有关问题作出规定，并报省级民政主管部门备案。

（3）确定提名投票时间及地点。

（4）张榜公布提名候选人相关事宜。

（5）组织提名投票。村民选举委员会要在规定的时间内，组织村民进行无记名投票。参加提名投票的村民未过半数的，提名投票无效，村民选举委员会可以再组织一次提名投票，也可以转为无候选人选举方式。

提名投票要点：一是要设立咨询站；二是要凭参选证核发提名票；三是投票前要检验投票箱；四是要设立秘密写票处；五是提名票一般由乡镇印制，也可以由县里统一印制。

（6）统计提名票。投票结束后，村民选举委员会要将票箱集中到主会场，按投票站统计，公开唱票，合并计票，并按照拟设职位、职数的要求，根据相对多数、差额的原则，分别按得票多少顺序确定各职位初步候选人。

（7）审查资格，确定正式候选人并公布。初步候选人确定后，村民选举委员会应根据候选人资格条件要求，逐一进行认真审查，对不符合条件的，要依法取消。对符合条件的，要逐一征求本人意见，对其中不愿作为正式候选人的，应让其写出书面材料。初步候选人因各种原因出现缺额的，应按提名时各职位人选得票多少为序依次递补。正式候选人确定后，村民选举委员会应按职位以得票多少为序，在选举日的三日前向村民张榜公布正式候选人名单。同时，填写候选人报告单，报乡（镇）村民委员会换届选举工作指导小组备案。

36. 村民委员会选举正式投票有哪些环节？

1. 投票前的准备

（1）确定投票方式。投票方式有两种：一是设立中心会场，集中投票；二是设立投票站（通常以村民小组为单位），在规定的时间内投票。具体采用哪种方式，由村民选举委员会根据村实际情况提出方案，提交村民会议或村民代表会议决定，并报乡镇指导小组备案。

（2）公布投票时间和地点。公告应一式多份，在村民委员会和各村民小组所在地张贴。

（3）办理委托投票。正式投票期间，登记参加选举的村民，因外出或其他原因不能参加投票选举的，可以委托本村登记参加选举的近亲属代为投票。每一村民最多接受三人委托，候选人不得接受他人委托。委托投票必须办理书面委托手续。具体程序是：本人填写"村民委托投票证"，写清被委托村民的姓名、与本人关系和委托理由，并与被委托人共同到村民选举委员会办理。待村民选举委员会批准后，委托生效。委托名单公布后，委托不得变更或撤回。委托投票手续应当在选举日的两日前办理完毕。

（4）印制选票。选票一般由县级民政部门或乡级换届选举工作指导小组根据各村提名结果以及登记参加选举的村民数量统一印制。印制后应加盖本村村民选举委员会印章，并根据各投票中心会场和投票站的村民数量，分别封存。待选举时在各中心会场和投票站上，由选举工作人员当众公开启封。选票上同一职务候选人按得票多少的顺序排列，得票相等的，按照姓氏笔画顺序排列。

（5）布置中心会场和投票站。中心会场和投票站均应设立讲解处、登记处、秘密写票处、公共代写处、发票处、投票处，并按要求准备横幅、投票箱、封条、笔以及工作人员标志等。

（6）竞职演讲。村民选举委员会应当在选举日或选举日前，组织候选人集体与村民见面，由候选人介绍履职设想，回答村民提出的问题。村民选举委员会对候选人的竞职演讲，要提出具体要求。候选人事先要以书面形式将演讲稿提交村民选举委员会审核、备案。演讲稿不得有违反法律、法规和国家政策的言论，不得对他人进行人身攻击，不得搞不切实际的虚假承诺欺骗村民等。

候选人承诺捐助村集体的资金和物资，不得由候选人在选举前或选举后私自决定分配方案，而应交由依法产生的村民委员会组织召开村民会议或村民代表会议民主讨论决定。

2. 正式投票

（1）检查、密封票箱。票箱使用前，应由工作人员当众验箱并加封。

（2）启封、清点选票。工作人员当众启封选票，清点张数后向村民宣布。

（3）讲解选票。工作人员讲解选票和投票方法，说明填写选票的要求和投票时应注意的事项等。

（4）验证发票。工作人员核对参选证、村民委托投票证，逐一发放选票，并在登记参加选举的村民登记册和参选证、村民委托投票证上做出领票标记。

（5）秘密写票。村民领取选票后应认真阅读选票填写说明，排队有序进入秘密写票处，每个写票间每次只能进入一人，不许他人围观。选票由村民本人填写，确需他人代写的（村民是文盲或者因残疾不能填写），经村民选举委员会确认，可由公共代写人或本村登记参加选举除候选人以外的其本人信任的人代写。

（6）投票。村民对候选人可以投赞成票，可以投反对票，可以另选其他登记参加选举的村民，也可以弃权。

（7）销毁剩余票。投票结束后，剩余选票由村民选举委员会组织当众销毁或剪去一角以示作废。

（8）集中票箱，清点选票。投票结束后，各投票站选举工作人员要当场封上票箱投票口，由两名以上选举工作人员和村民代表、监督人员共同将票箱带到计票地点。在村民代表的监督下，选举工作人员当众开箱验票、统计参加选举投票人数，确定本次选举是否有效并向村民宣布。

（9）唱票、计票。如选举有效，应当场公开唱票、计票。唱票一般两人一组，一人唱票，一人核对；计票亦应两人一组，一人计票，一人监督。

（10）当场公布结果。经唱票人、计票人、监票人核对，计算出得票数后，村民选举委员会应当场向村民公布选举结果。公布选举结果应按各职位得票多少的顺序公布被选举人的姓名和得票数。

（11）封存选票。投票结束后，工作人员将全部选票（包括有效票、无效票、废票）进行整理、记录、签字，交村民选举委员会封存。

（12）填写选举结果报告单。选举结果报告单由村民选举委员会填写。选举结果报告单一式三份，除分别报乡镇人民政府和县级民政局备案外，本村自留一份存档备查。

（13）宣布当选结果、颁发当选证书。村民选举委员会应根据"候选人获得参加投票的村民过半数的选票，始得当选"以及有关女性成员当选、成员之间关系的有关规定，确定本届村民委员会的当选人员。如获得半数以上选票的被选举人多于应选名额时，以得票多者当选；若票数相等，不能确定当选人时，应当在当日或者次日对得票数相等的人组织再次投票，以得票多者当选。若当选人数不足应选名额的，不足的名额另行选举。另行选举的，第一次投票未当选的人员得票多的为候选人，候选人以得票多的当选，但是所得票数不得少于已投选票总数的三分之一。当选证书可以当场颁发，也可以在选举结束后由乡镇集中颁发。

（14）公布选举结果。村民选举委员会应当在投票当日或者次日用布告形式向全体村民公告当选名单。

● 知识窗 10：

英国——庄园法庭

　　"庄园法庭"是英国的村庄共同体，是集立法、司法、行政功能于一体的管理机构。它既是村庄共同体内部领主处理自己与村民之间关系的机构，也是共同体内部的村民之间解决自身事务的机构。村庄的全体成员都要参加庄园法庭，共同讨论所在村庄的公共事务，并以集体投票的方式对公共事务做出决策。共同体成员还通过庄园法庭来制定村规，并在庄园法庭上对违反村规的行为进行司法审判。

　　村庄共同体的管理人员包括庄头或村长之类的村官以及其他管理人员（护林员、池塘管理员、庄稼看护员等）。庄头或村长是村庄共同体的负责人，其职责十分广泛，包括经济事务、司法管理和社会生活等各个方面。在经济事务方面，他们主要负责管理村庄的地产，向共同体成员征收租金和各种劳役，防止牲畜和野兽糟蹋庄稼。在司法管理方面，主要负责向村庄的管理机构"庄园法庭"提交罪犯，并在政府地方事务中承担陪审员的职责。在社会生活方面，主要负责道路桥梁的维修、公众健康维护等具有公益性质的工作。以上事务大部分与共同体成员的利益直接相关。这些村官是由村民选举出来的，他们出自于村民，也更倾向于维护村民们的利益。因此，这些村庄共同体的管理人员不能被完全视作领主利益的代表，从某种意义上讲，他们更是代表民意处理村庄公共事务的自治管理人员。

37. 村民委员会选举大会的主要程序有哪些?

村民委员会选举大会由村选举委员会召集,村选举委员会主任主持。选举大会的主要程序如下:

(1)宣布选举大会开始。主持人宣布选举大会开始后,应代表村选举委员会向参加选举的村民介绍本村选举工作的参加选举的村民登记、提名推荐候选人、预选和正式候选人名单以及选举大会应注意的事项。

(2)奏国歌。

(3)清点参加会议的人数。按法律规定,参会人数达到本村参加选举的村民的一半以上,选举大会才能召开,选举有效,否则选举无效。

(4)推选总监票员和监票员、唱票员、计票员。选举大会设总监票员1名,监票员、唱票员、计票员、票箱监督员、流动票箱员、秘密写票间监督员若干名。推选出工作人员后,主持人应宣布工作人员佩戴标志,上岗工作。

(5)检查、密封票箱。由总监票员等大会工作人员,当众开箱检查是否空箱,经参加选举的村民认可后再当场封闭上锁和贴上封签。

(6)清点选票数。总监票员应在大会上当着参加选举的村民拆开密封的选票袋,点清张数,报大会主席团,由大会执行主席向参加选举的村民宣布选票张数。

(7)介绍讲解选票。主持人要把选票画在黑板或大纸上,向参加选举的村民介绍和讲解选票的写法和写票的规定。

(8)参加选举的村民排队依次领取选票。

(9)参加选举的村民排队依次进入秘密写票间写票。参加选举的村民是文盲的话，可以委托自己信任的人代写。

（10）参加选举的村民投票。参加选举的村民在写票间写好选票后应将选票折存（对折），然后亲自将选票投入票箱。

（11）将剩余的选票销毁作废。

（12）集中票箱。参加选举的村民投票结束后，应把各投票站的票箱和流动票箱都集中到中心会场，检验后由两人以上同时当众开箱。

（13）清点收回选票数，检验选票。大会主持人首先向参加选举的村民宣布发出选票数和收回选票数。然后再检验每张选票是有效票、废票，还是弃权票。最后，大会主持人应向参加选举的村民宣布在收回的选票中，有效票多少张，废票多少张，弃权票多少张。

（14）唱票、计票。有效票分拣出来后，唱票员、计票员等工作人员在两名监票员的监督下开始逐张进行唱票、计票。

（15）宣布选举结果。经唱票员、计票员、监票员核对，计算出得票数后，应当场公布选举结果。要公布全部候选人和其他被选人的姓名及得票数，并同时公布当选人的姓名和当选的职务。

（16）封存选票和填写选举结果报告单。投票选举结束后，由总监票员、监票员、唱票员、计票员将全部选票包括有效票、无效票整理后封存，并填写选举结果报告单。选举结果报告单一式三份，分别报乡人民政府和县级民政局备案，村民委员会自留一份存档备查。

（17）公布当选名单。选举结果要在选举大会上当场公布当选名单，并在当日或次日用布告的形式向全体村民公告。

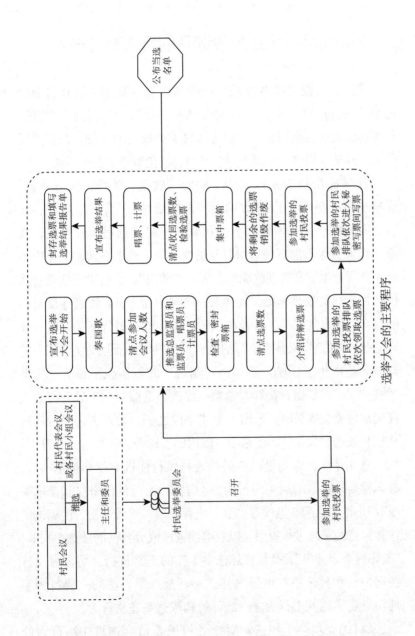

38. 违反村民委员会选举的行为有哪些?

违法行为侵犯的客体是村民的选举权、被选举权和村委会选举活动。这里所说的"村委会选举活动",是指依照《宪法》和《村民委员会组织法》规定选举村委会成员的活动,包括选民登记、候选人提名、投票选举、补票、罢免等整个选举活动。

选举违法行为是以暴力、威胁、欺骗、贿赂、伪造选票、虚报选举票数等手段实施的。所谓"威胁",是指以危害、伤害、毁坏财产、破坏名誉手段相要挟,迫使选民、候选人、选举工作人员等不能行使选举权和被选举权,或者在选举工作中不能正常履行组织和管理的职责。所谓"贿赂",是指用金钱或者其他的物质利益收买选民、候选人、选举工作人员,使之违反自己的真实意愿参加选举,或者在选举工作中进行舞弊活动。应当注意的是,"贿赂"必须有实际的收买行为发生,而且确实对正常的选举活动产生了影响,不能将"贿赂"的范围无限扩大。所谓"伪造选票",是指直接针对选票的涂改、造假行为。只要行为人在选举村委会成员时,采用了上述手段之一,妨害了选民行使选举权和被选举权,破坏了选举,就构成了村委会选举违法行为。

选举违法行为是足以造成妨害村民行使选举权和被选举权,破坏村委会选举的后果的行为。"妨害村民行使选举权和被选举权",是指非法阻止选民参加登记或者投票,或者迫使、诱骗选民违背自己的意志进行投票,以及迫使选民放弃自己的被选举权等。"破坏村委会选举",是指破坏选举工作的正常进行。妨害村民行使选举权和被选举权以及破坏选举,是选举违法的主要行为表现,只要实施其中行为之一的,就构成选举违法行为。

《村民委员会组织法》对查处村民委员会选举违法行为的

负责机关及其职责和处理决定也做了相应规定。

（1）村民对选举违法行为有举报的权利。即村民有权向乡、民族乡镇的人民代表大会和人民政府或者县级人民代表大会常务委员会和人民政府及其有关主管部门举报。这里的"有关主管部门"，是指具体负责村委会选举工作的政府职能部门，如民政部门。

（2）查处选举违法行为的负责机关。直接负责机关，乡一级是乡、民族乡、镇的人民代表大会和人民政府；县一级是县级人民代表大会常务委员会和人民政府及其有关主管部门。

（3）负责机关的职责。在接到村民举报后，有关机关要认真调查村民反映的情况是否属实，依法确认选举中是否存在违法行为，然后提出处理意见。

（4）处理决定。查明选举中确有违法行为后，负责机关必须履行自己的职责，要责令违法的有关行为人承担相应的责任，同时纠正违法行为及所造成的后果，以暴力、威胁、欺骗、贿赂、伪造选票、虚报选举票数等不正当手段当选村民委员会成员的，当选无效。这里所说的"当选"，是指根据选举结果当选为村委会成员。"当选无效"，是指这种选举结果因违法而不被承认，没有当选效力。

39. 罢免村民委员会成员有哪些程序？

《村民委员会组织法》第十六条规定："本村五分之一以上有选举权的村民或者三分之一以上的村民代表联名，可以提出罢免村民委员会成员的要求，并说明要求罢免的理由。被提出罢免的村民委员会成员有权提出申辩意见。罢免村民委员会成员，须有登记参加选举的村民过半数投票，并须经投票的村民过半数通过。"

按照《村民委员会组织法》的规定，罢免村民委员会成员必须遵循如下程序：

（1）罢免村民委员会成员的权力属于全体村民。罢免权同选举权一样，是村民民主权利的一项重要内容。只有村民才有权罢免村委会成员，其他任何组织和个人都无权随意罢免或撤换村委会成员。

（2）罢免要求的提出必须有五分之一以上的村民联名。这是启动罢免程序的必要条件。启动罢免程序，是村内一项非常重大的政治事件，一定要反映一定数量的村民的意愿。

（3）罢免议案或罢免要求应明确提出罢免理由。罢免村委会成员涉及全体村民利益，必须有充分的罢免理由。

（4）罢免村委会成员，应召开村民会议，投票表决。讨论罢免要求，是涉及全体村民民主权利的一件大事，必须慎重，绝不能由少数人说了算。

（5）允许被提出罢免的村委会成员为自己辩解。这是出于保护村委会成员的考虑。被提出罢免的村委会成员可以在表决罢免要求前，在公开场合或以其他适当方式提出自己的申辩意见。

（6）村民会议表决罢免村委会成员的要求比选举村委会成员时更加严格。罢免村委会成员须经有选举权的村民过半数通过。

投票表决罢免要求时，也应坚持秘密写票、无记名投票、公开计票、当场公布结果的原则。

罢免村委会成员的村民会议，应由村委会主持，并接受当地基层政权机关的指导。对于符合法定联名人数的罢免要求，如果村委会不组织召开村民会议投票表决，联名村民有权向基层政权机关或有关部门反映。政府责令改正。

40. 村民委员会成员出缺后如何进行补选？

《村民委员会组织法》第十九条规定："村民委员会成员出缺，可以由村民会议或者村民代表会议进行补选。补选程序参照本法第十五条的规定办理。补选的村民委员会成员的任期到本届村民委员会任期届满时止。"

41. 新老村民委员会如何进行工作移交？

《村民委员会组织法》第二十条规定："村民委员会应当自新一届村民委员会产生之日起十日内完成工作移交。工作移交由村民选举委员会主持，由乡、民族乡、镇的人民政府监督。"

• **知识窗 11:**

豆 选 法

豆选法："豆选法"是抗日战争时期陕甘宁边区农民用豆子作选票选出自己中意的候选人的一种政治参与方式。针对当时文盲占绝大多数的情况，在选举时，候选人背对选民坐成一排，每人背后放有一个空碗，18 岁以上的选民在领到豆子后，将豆子放在中意的候选人碗中，根据碗中的豆数确定最终人选。

42. 村民小组长的任职条件和工作职责是什么？

村民委员会可以按照村民居住状况分设若干村民小组，小组长由村民小组会议推选。

村民小组长的任职条件：①年满 18 周岁以上的本组村民；②在本组有一定的群众基础和威望；③廉洁自律、秉公办事；④有一定的组织领导和处理问题的能力；⑤能带头勤劳致富；⑥热心为本组村民服务。

村民小组长的工作职责：①收集并向村民委员会反映本组村民的建议、意见；②向本组村民传达村民委员会作出的有关决定；③协助村民委员会办理本村的公共事务和公益事业；④执行村民小组会议的决定，办理本村民小组相关事项。

村民小组组长任期与村民委员会的任期相同，都是五年，可以连选连任。

43. 如何召开村民小组会议？

《村民委员会组织法》第二十八条规定："召开村民小组会议，应当有本村民小组十八周岁以上的村民三分之二以上，或者本村民小组三分之二以上的户的代表参加，所作决定应当经到会人员的过半数同意。"

44. 什么是村民会议？它的性质是什么？

《村民委员会组织法》规定，凡是涉及全体村民利益的重大问题，都必须由村民会议批准、同意和最后作出决定。但村民会议并不是直接的执行机构，所做决定不是由自己组织执行，而是由村民委员会及其下属的各个工作委员会和村民小组等其他自治组织负责执行。

村民会议是村民参与最多、规模最大的会议，是农村自治组织中能最直接、最全面地表达村民利益和愿望的组织形式，也是农村最具权威性的自治组织形式。村民会议的性质在于它在村民自治事务中享有最高的决策权，在村民自治组织体系中具有最高决策地位。

45. 村民会议的职权有哪些？

《村民委员会组织法》第二十三条规定："村民会议审议村民委员会的年度工作报告，评议村民委员会成员的工作；有权撤销或者变更村民委员会不适当的决定；有权撤销或者变更村民代表会议不适当的决定。

村民会议可以授权村民代表会议审议村民委员会的年度工作报告，评议村民委员会成员的工作，撤销或者变更村民委员会不适当的决定。"

上述可以概括为以下几个方面：

（1）决策权。这主要指村民会议对涉及全体村民利益的重大问题拥有直接决定权。《村民委员会组织法》规定，涉及村民下列利益的事项，村民委员会必须提请村民会议讨论决定：

①本村享受误工补贴的人员及补贴标准；②从村集体经济所得收益的使用；③本村公益事业的兴办和筹资筹劳方案及建设承包方案；④土地承包经营方案；⑤村集体经济项目的立项、承包方案；⑥宅基地的使用方案；⑦征地补偿费的使用、分配方案；⑧以借贷、租赁或者其他方式处分村集体财产；⑨村民会议认为应当由村民会议讨论决定的涉及村民利益的其他事项。

（2）监督权。这是指村民会议对村民委员会成员及其工作有权进行监督。村民委员会向村民会议负责并报告工作，村民会议每年审议村民委员会的工作报告，并评议村民委员会成员的工作，村务监督机构成员向村民会议和村民代表会议负责，这些都表明村民会议的监督权。

（3）立约权。这是指村民会议具有制定和修改村民自治章程和村规民约的权力，但须报乡、民族乡、镇的人民政府备案，并且村民自治章程、村规民约以及村民会议或者村民代表会议的决定不得与宪法、法律、法规和国家的政策相抵触，不得有侵犯村民的人身权利、民主权利和合法财产权利的内容。各地在村民自治的实践和地方性法规、规章中，也大都以不同形式肯定了村民会议的建章立制权力。

（4）组织权。这是指村民会议有权通过选举方式和一定的合法程序，组织村民委员会以及有关的村民自治组织。虽然《村民委员会组织法》规定，村民委员会主任、副主任和委员，由村民直接选举产生，年满 18 周岁的村民都有选举权和被选举权。而在实践中，选举村民委员会成员一般都是以召开十八周岁以上村民参加的村民会议形式进行的。

46. 村民会议由哪些人员组成?

村民会议由本村十八周岁以上的村民组成。这一规定有三个要点：

一是参加村民会议的村民须年满十八周岁。十八周岁以上的公民是成年人，具有完全民事行为能力，可以独立进行民事活动，是完全民事行为能力人。十八周岁以下的未成年人不具备完全民事行为能力，即使已经参加了生产劳动，以自己的劳动收入为主要生活来源，也不能参加村民会议。

二是参加村民会议的必须是本村村民，即必须是在本村居住、有本地户口的村民。

三是法律没有规定被剥夺政治权利的本村村民是否可以参加村民会议。根据刑法规定，剥夺政治权利是指剥夺公民享有的选举权和被选举权；言论、出版、集会、结社、游行、示威自由的权利；担任国家机关职务的权利；担任国有公司、企业、事业单位和人民团体领导职务的权利。宪法规定的其他权利则和一般公民一样享有。因此，被剥夺政治权利的十八周岁以上本村村民应当可以参加村民会议，但在选举村委会组成人员时，不享有选举权和被选举权；在罢免村委会组成人员时，不享有表决权。

47. 村民会议的形式有哪些？

村民会议有两种形式：

一是由本村十八周岁以上的村民参加的会议，这是村民会议的最高形式，也是最完整的形式。在通常情况下，村民会议应坚持以这种形式召开。

二是在居住分散、或外出人员较多，全体村民不易召集的地方，由每户派代表参加的会议，是特殊情况下召开的不完全的村民会议。现阶段我国农村最基本的经济制度仍然是家庭承包经营，并且短时间内不会发生变化。因此，农村通常以家庭为一个生产单位，每个家庭有着共同的经济利益和要求，以户为单位派代表，基本能够反映本村村民各方面的意见。但一些重大的村务活动，如选举和罢免村委会组成人员、讨论通过村民自治章程等，都不能采取户派代表的村民会议的形式。

48. 什么情况下应当召开村民会议？如何召开村民会议？

下列情况下应当召开村民会议：

（1）村委会的设立、撤销、范围调整；

（2）村民选举委员会的产生；

（3）罢免村委会成员；

（4）听取审议村委会工作报告；

（5）讨论决定涉及村民切身利益的事项；

（6）制定、修改村民自治章程、村规民约；

（7）有十分之一以上村民或者三分之一以上的村民代表提议召开村民会议。

《村民委员会组织法》第二十一条和第二十二条规定："村民会议由村民委员会召集。有十分之一以上的村民或者三分之一以上的村民代表提议，应当召集村民会议。召集村民会议，应当提前十天通知村民。召开村民会议，应当有本村十八周岁以上村民的过半数，或者本村三分之二以上的户的代表参加，村民会议所作决定应当经到会人员的过半数通过。法律对召开村民会议及作出决定另有规定的，依照其规定。召开村民会议，根据需要可以邀请驻本村的企业、事业单位和群众组织派代表列席。"

49. 什么是村民代表会议？它的性质是什么？

在农村，因为种种原因，很多时候村民会议难以顺利召开，在这种情况下，村民代表会议这种代行村民会议基本职权的村民民主决策的组织形式应运而生。它的产生不是偶然的，也不是人们的主观臆造，而是村民自治实践中由广大乡镇干部自发创造的行之有效的自治组织形式，是一定社会条件下的产物。

村民代表会议作为村民会议在特定条件下的替代形式或补充形式，其性质和职能与村民会议的性质和职能基本相同，即它是村民自治组织中的决策性和权力性组织，而不是管理性、执行性和具体工作机构。村民代表会议的这种议事决策性和权力性组织的性质，在它的各项职权中得到具体的体现。

50. 村民代表会议的村民代表如何产生?

村民代表由推选产生,具体方式有两种方式:一是由村民按户推选产生。一般按五户至十五户推选产生一名代表,具体多少户推选一名代表合适,由各地根据情况确定;二是各村民小组推选产生。一个村民小组推选产生多少名代表合适由各地根据具体情况确定。

村民代表应该熟悉和了解本村基本情况,具备一定的参政议政能力,能够客观公正地代表和反映村民的利益和要求。村民代表的人数根据本村的人口数、居住状况、交通条件等情况,由村民会议决定。村民代表的任期与村民委员会的任期相同,可以连选连任。村民代表应当向其推选户或者村民小组负责,接受村民监督。

村民代表的职责主要有三个方面:一是参加村民委员会召集的会议,讨论决定村民会议授权的事项;二是与推选自己的村民联系,反映他们的意见和建议;三是会议作出决定后,负责向推选自己的村民传达,动员村民认真遵守和执行。

51. 村民代表会议的基本职权有哪些?

村民代表会议的基本职权有以下几个方面:

(1)决定权。这是指村民代表会议对村中重大事项的直接决定权。

(2)人事权。这是指村民代表会议享有撤换和补选村民委员会成员的权力。

(3)审议批准权。这主要指村民代表会议对村民委员会的年度工作报告、年度工作计划和年度财务收支情况报告等方面的审议批准权，以及村民代表会议对村民委员会所作出的不符合法律、政策和村民利益的决定的否决权。

（4）一定的立约权。这是指村民代表会议在特定条件下拥有的制定村民自治章程和村规民约的建章立制权。

（5）监督权。这是指村民代表会议有权监督村民委员会成员及其工作。其具体内容包括：一是对村委会的工作成绩和效果进行评议；二是对村委会的财务收支情况进行审查；三是对村委会成员的行为进行规范和约束；四是对村规民约等本村各项规章制度的执行情况，进行检查和督促；五是有权否决村委会的错误决定；六是有权对有严重问题的村委会成员进行撤换。

52. 什么情况下可以设立村民代表会议？如何召集村民代表会议？

下面两种村可以设立村民代表会议：

一是人数较多的村。有多少人的村为人数较多的村，法律没有规定，可由各地根据本地区的人口密集程度和居住状况确定。

二是村民居住分散的村。一个村由几个甚至十几个自然村组成，地域面积较广，交通不便，可以认为是村民居住分散的村。

另外，在实际生活中，很多村民常年在外打工或者长期居住在外地，这些村经常召开村民会议有一定困难。在这种情况下，为了保证广大村民当家做主，及时反映村民的利益和要求，也可召集村民代表开会，讨论决定村民会议授权的事项。

村民代表会议由村民委员会召集，每季度召开一次。有五分之一以上的村民代表提议，应当召集村民代表会议。村民代表会议有三分之二以上的组成人员参加方可召开，所作决定应当经到会人员的过半数同意。村民代表会议由村民委员会成员和村民代表组成，村民代表应当占村民代表会议组成人员的五分之四以上，妇女村民代表应当占村民代表会议组成人员的三分之一以上。

53. 村民代表会议与村民会议的关系与区别是什么？

1. 村民代表会议与村民会议的联系

（1）在权力产生关系上，它们是权力委托与受托之间的关系。村民代表会议的权力产生于村民会议的授权和委托，村民会议是权力的委托者，村民代表会议是权力的受托者。

（2）在性质上，它们是同一性质机构的不同组织形式，两者都是村民实行自治，行使当家做主权利的民主决策机构，只不过具体组织形式不同。

（3）在社会功能上，村民会议和村民代表会议是各具优势、功能互补的民主决策组织，二者之间是互相需要、互相补充的关系。

2. 村民会议与村民代表会议的区别

（1）组成人员不同。村民会议由年满十八周岁的本村村民组成，而村民代表会议则是由村民推选出来的村民代表组成。

（2）职权不同。村民代表会议的职权是有限的，它所讨论的事项必须有村民会议的授权，在此基础上作出的决定才是有效的。村民会议有权否决村民代表会议作出的不适当的决定。

（3）作用不同。村民会议是全体村民直接行使民主权利的有效形式，而村民代表会议则带有代议制民主的某些特点。

• **知识窗 12:**

脱 贫 攻 坚

　　中国共产党中央政治局会议释放减贫新信号——坚决打赢脱贫攻坚战。

　　2015 年 11 月 27 日至 28 日,中央扶贫开发工作会议在北京召开。中共中央总书记、国家主席、中央军委主席习近平强调,消除贫困、改善民生、逐步实现共同富裕,是社会主义的本质要求,是中国共产党的重要使命。11 月 29 日,《中共中央　国务院关于打赢脱贫攻坚战的决定》发布。2019 年 3 月 5 日,国务院总理李克强在发布的 2019 年国务院政府工作报告中提出,打好精准脱贫攻坚战。10 月,国家脱贫攻坚普查领导小组成立。

　　2020 年 5 月 22 日,国务院总理李克强在发布的 2020 年国务院政府工作报告中提出,2020 年要优先稳就业保民生,坚决打赢脱贫攻坚战,努力实现全面建成小康社会目标任务。7 月,国务院扶贫开发领导小组开展 2020 年脱贫攻坚督查工作。

54. 村民委员会如何加强农业经济管理?

　　一是进一步巩固、完善家庭承包经营责任制和统分结合的双层经营体制,立足本村经济发展水平、市场需求及条件,结合土地资源实际情况,本着发挥优势的原则,着眼农产品消费结构的发展方向,有计划地开发资源,调整产业结构,提高农民收入水平。

　　二是稳定土地承包权,做好农村土地经营权流转工作。

三是加强村集体山、水、林、田、湖、草等的承包管理，严格按承包合同办事。

55. 村民委员会如何加强村办企业管理？

一是在新增村集体企业项目上，要考虑所在地资源、交通、资金、人才、技术等因素，必须经村民代表会议讨论，有关方面的论证，才可立项，防止贸然新增。

二是要维护集体资产的安全增值，教育引导村民认真贯彻《中华人民共和国乡镇企业法》，村委会研究村办集体企业的经营方向、经营形式、厂长

人选的聘用等初步意见，交村民代表会议讨论通过才可实施，村委会要为集体企业发展创造良好的条件和环境。

三是村办集体企业要实行经济承包责任制，承包人与村委会签订合同，企业实行自主经营、独立核算、自负盈亏。正确处理村集体、企业、经营者和村民之间的分配关系。

四是代表集体协助企业加强内部管理，建立健全各项规章制度，全面提高企业素质，不断提高企业效益。

五是村委会成员要严格遵守财经制度。不在企业担任职务的村干部，不得在企业领取补贴或奖金。同时要搞好集体企业财务管理，定期审计，维护集体利益。

56. 村民委员会如何进行村级财务管理？

一是村级财务实行民主理财，财务收支公开，接受群众监督，对违反财务制度者要追究责任，情节严重的，要送交司法机关处理。

二是建立完善的财务管理制度，按财务管理规定记账，各类账簿完备。财务实行村委会主任审批制度。

三是加强财务审计制度建设，定期开展村级财务审计。

四是对重大项目财务开支要经村民代表会议讨论通过。

57. 村民委员会如何进行个体经济事务管理？

一是积极支持个体户和私营业主进行合法经营，维护其合法权益，为个体户和私营业主的经营活动创造良好的外部条件。协助个体户、私营业主搞好经济合作与联合，以降低生产成本，提高效益。

二是对私营企业和个体户经营活动实行教育监督。不定时向其宣传党和国家的政策、法律、法规，教育引导其合法诚信经营、依法纳税。

三是指导农户发展特色经济等，积极为农户提供信息、法律、技术等服务，推广先进农业科学技术。

58. 村民委员会如何推动农业产业化经营？

农业产业化经营其实质就是用管理现代工业的办法来组织现代农业的生产和经营。村委会干部要针对本村实际，以市场为导向，以提高经济效益为中心，以科技进步为支撑，围绕支柱产业和主导产品，优化组合各种生产要素，对产业化经营进行总体规划，引导带领农民看准市场，拓宽发展路子，使千家万户的小生产与千变万化的大市场有机对接起来。同时引导龙头企业同农民形成合理的利益关系，让农民增收，企业盈利，实现共同发展。

59. 村民委员会如何搞好农业综合开发？

农业综合开发的任务是加强农业基础设施和生态建设，提高农业综合生产能力，保证国家粮食安全；推进农业和农村经济结构的战略性调整，推进农业产业化经营，提高农业综合效益，促进农民增收。村民委员会干部首先要解放思想、与时俱进、统一认识，增强信心和决心；根据本村的优势，因地制宜，做好统一开发的规划；加强服务，运用科学技术，提高劳动者技能；多渠道筹集开发资金，提高开发效益；教育引导农民克服"等、靠、要"等依赖思想，发挥农民开发主体的作用。

60. 村民委员会如何发展农村第三产业？

农村第三产业主要指为农民提供流通、生产生活服务等的行业部门，如交通运输、食品服务、邮电通讯、旅游、文教卫生、金融保险、信息咨询、社会福利以及近几年随着新经济业态出现的新媒体、电商等行业。发展农村第三产业，村民委员会一是要大力发展农村一、二产业，使之向专业化和规模化方向发展，增加对第三产业的需求；二是加速农村市场化进程；三是引导农民，树立与经济社会发展水平相适应的新的消费观念；四是要注重人才建设，以实施乡村振兴战略为核心，培育大批"懂农业、爱农村、爱农民"的专业人才。

61. 村民委员会如何搞好农村电商的发展？

农村电子商务，通过网络平台嫁接各种服务于农村的资源，拓展农村信息服务业务、服务领域，使之成为遍布县、镇、村的"三农"信息服务站。作为农村电子商务平台的实体终端直接扎根于农村、服务于"三农"，真正使"三农"服务落地，使农民成为平台的最大受益者。

村民委员会指导农村电商发展时，一是配合相关部门，充分挖掘本村优势和特色，打造有竞争力的产品品牌，并利用互联网平台进行宣传推广；二是协调政府及相关部门，帮助农民解决销售渠道问题，提升产品的品牌效应，增加农民收入；三是加强人才体系建设，对电商人员进行一定的培训，为确保电商信息交流、电商平台建设等提供服务保障；四是配合加强信息化基础设施建设，加强对电力、宽带互联网等基础设施建设，让运营商可以更好地开拓农村市场，让所有农村人口都可以享受到电子商务和大数据的便利。

62. 村民委员会如何做好农村资源的管理？

村民委员会不仅要把人口、土地、环境管理好，还有责任把山、水、林、田、湖、草场、矿产等资源管理好。一是要组织全体村民学习贯彻《森林法》《水法》《矿产资源法》等法律法规，依法管理和开采，合理利用山林、水利资源和矿产；二是严格管理属于村委会集体所有的资源；三是统一管理矿产、矿脉，防止乱开滥采、破坏矿产资源；四是要加强对草场、水源等资源的管理。

63. 村民委员会如何搞好"四荒"（荒山、荒坡、荒沟、荒滩）的开发利用？

村民委员会在做好"四荒"开发工作时，一要坚持统一规划，合理开发利用，防止盲目开发和在开发中任意排放污染物；二要加强基础设施建设，改善生产条件。如打井、修渠、引水、修路等，完善配套服务设施。三要保护资源，改善生态环境，保证可持续发展。四要强化科学发展的理念，重视人才引进和培养，加强智力和技术开发。五要采取投资倾斜政策，落实项目投资规模。在基础设施建设、资金、物资、税收等方面实行一些优惠政策，并处理好投入与分配的关系。六要加强监督管理，在技术指导和信息提供方面，为开发者提供优质服务。同时，根据《土地管理法》规定，在开发时必须遵循以下规定：一是必须在土地利用总体规划划定的可开垦的区域内开垦荒地。二是开垦活动必须经过科学论证和评估；三是开垦活动必须经依法批准后方可进行；四是禁止毁坏森林、草原开垦耕地，禁止围湖造田、侵占江河滩地。

64. 村民委员会如何搞好环境管理？

村民委员会一是要加强环境保护宣传教育，不断提高农民的环境保护意识。要深入宣传《环境保护法》《水污染防治法》《大气污染防治法》等法律法规，使村民知法、懂法、守法。同时对违法行为配合相关部门依照规定给予处罚，维护法律的尊严。二是加强生态农业建设，使农业生态环境得到明显改善，治理荒山荒坡，控制水土流失，保持土壤有机质含量。三是加强农村能源建设，保护和改善农村生态环境。在农村开发与推广节能灶、沼气、太阳能、风能、地热等节能技术。四是加强村办企业污染的防治。五是植树造林，绿化环境。六是保护水环境，防治水污染。

• **知识窗 13：**

农村人居环境整治

全国还有近 1/4 的村庄生活垃圾没有得到妥善收集和处理，80% 的村庄生活污水没有得到处理，约 1/3 的行政村村内道路没有实现硬化，行路难、如厕难、环境脏、村容村貌差、基本公共服务落后等问题还比较突出。党的十九大报告提出，开展农村人居环境整治行动。2020 年中央农村工作会议强调，推进健康乡村建设，持续改善农村人居环境。

2017 年 11 月 20 日，十九届中央全面深化改革领导小组第一次会议指出，开展农村人居环境整治行动，要统筹城乡发展，统筹生产生活生态，以建设美丽宜居村庄为导向，以农村垃圾、污水治理和村容村貌提升为主攻方向，动员各方力量，整合各种资源，强化各项举措，加快补齐农村人居环境突出短板。要注意因地制宜，保护、保留乡村风貌。

2018 年 2 月，中共中央办公厅、国务院办公厅印发了《农村人居环境整治三年行动方案》，明确到 2020 年，实现农村人居环境明显改善，村庄环境基本干净整洁有序，村民环境与健康意识普遍增强。

东部地区、中西部城市近郊区等有基础、有条件的地区，人居环境质量全面提升，基本实现农村生活垃圾处置体系全覆盖，基本完成农村户用厕所无害化改造，厕所粪污基本得到处理或资源化利用，农村生活污水治理率明显提高，村容村貌显著提升，管护长效机制初步建立。

中西部有较好基础、基本具备条件的地区，人居环境质量较大提升，力争实现90%左右的村庄生活垃圾得到治理，卫生厕所普及率达到85%左右，生活污水乱排乱放得到管控，村内道路通行条件明显改善。

地处偏远、经济欠发达等地区，在优先保障农民基本生活条件基础上，实现人居环境干净整洁的基本要求。

65. 农村"厕所革命"有什么重要意义?

党的十九大报告指出，农业、农村、农民问题是关系国计民生的根本性问题，要按照产业兴旺、生态宜居、乡风文明、治理有效、生活富裕的总要求，建立健全城乡融合发展体制机制和政策体系，加快推进农业农村现代化，因此，在农村开展"厕所革命"无疑是引领乡风文明建设，促进农村生态宜居的一项有力举措。

（1）农村厕改推动了农民传统卫生习惯的改变，有助于带动普通农民更新卫生观念。随着改厕健康教育和卫生常识不断深入，越来越多的农民逐渐接受了饭前便后洗手、不喝生水、不吃生食等卫生习惯。

（2）农村厕改等工程让农民的生活环境发生了巨大变化。如今家里有卫生厕所，村子有了专人保洁，还有车辆清运，垃圾也有地方填埋。

（3）厕所革命有着从城市扩张到乡村的深度与广度。在农村地区有效实施厕所革命在一定程度上可以加快城乡一体化的进程，也能在一定程度上保障居民的健康。

66. 村民委员会如何抓好村风民俗管理？

一是大力开展社会主义精神文明建设活动，树立社会主义核心价值观，反对封建迷信及其他不文明行为。二是操办红、白事要一切从简。喜事新办，不铺张浪费，不搞陈规陋俗。倡导推行殡葬改革，实行火化制。三是倡导建立正常的人际关系，不搞宗派活动，反对家族主义。四是教育村民服从村镇建房规划，不扩占，不超高，搬迁拆迁不提过分要求，修房占地未经批准，不擅自动工。五是教育村民尊老爱幼、尊师重教、扶贫助难、厉行节约。六是认真组织村民学习文化科学知识，做有理想、有道德、有文化、守纪律的新型农民。七是对违反村规民约的给予批评教育，情节较重的要酌情处罚。

67. 村民委员会如何抓好婚姻家庭教育?

一是教育村民要遵循婚姻自由，男女平等，一夫一妻的原则，建立团结和睦的家庭。二是教育村民认真执行《民法典》第五编中有关婚姻家庭的规定，婚姻大事由本人作主，反对他人包办干涉，不借婚姻索取财物。对未登记非法同居的要严肃处理；对有女无子户，允许男到女家落户。三是教育村民自觉实行计划生育、晚婚晚育。四是夫妻在家庭中的地位平等，反对男尊女卑，不准虐待妻子，夫妻双方共同承担家务劳动，共同管理家庭财产。五是对丧失劳动能力、无固定收入的老人，其子女必须尽赡养义务，维护老年人合法权益。六是生父母、养父母、继父母应该承担未成年子女或虽成年但无生活能力子女的抚养教育。不虐待病残儿、继子女和收养的子女，保护其接受义务教育的权利。七是按法律规定，男女有平等的权利继承父母的遗产。八是严禁弃婴、溺婴。

68. 村民委员会如何引导教育村民搞好邻里关系?

一是要引导教育村民互相尊重，互相帮助，和睦相处，建立良好的邻里关系；二是引导村民在经营、生活、借贷、社会交往过程中应遵循平等、自愿、互利的原则，不准随意更换、移动地界标志；三是引导村民依法使用宅基地，宅基地要按村、镇规划执行，不得损害整体规划和四邻利益；四是对村民饲养的家畜造成他人利益受损的，饲养人应负经济责任；五是加强民事调解工作。邻里发生纠纷，能自行调解的自行调解处理，不能自行处理的要依靠村委会解决。对不听劝阻制造纠纷的当事人，情节轻微的予以批评教育，造成人身或财产损害的，移交司法部门按有关法律规定处理。不准威胁、恐吓受害人，私下了结。

69. 村民委员会如何做好"扫黑除恶"以及禁止"黄赌毒"工作？

农村"扫黑除恶"专项行动，需要各部门之间协调配合，发挥合力，要坚持职能部门的专门工作与广大群众主动参与相结合的方针，实行打击与防范并举，标本兼治。村委会还应配合相关部门加强宣传，加强农村思想文化阵地建设，深入推进文化惠民，广泛开展文明村镇、文明家庭等评比活动，加大农村普法力度，提高农民法治素养。

同时，村委会还要配合职能部门"禁黄"，对制黄、贩黄以及传播、销售黄色制品的窝点要重拳出击，严厉惩处；"禁赌"，对以赌为业的人员严密监控，做到心中有数，坚决铲除聚赌"窝点"；"禁毒"，坚持"禁贩、禁种、禁吸"三禁并举和堵源截流、标本兼治的方针。加强领导、教育、宣传、管理，充分发动和依靠广大人民群众揭露"黄、赌、毒"违法犯罪活动。

70. 村民委员会如何引导农民移风易俗，破除封建迷信？

一是对村民要加强唯物论、无神论等基本常识和其他科学知识的宣传。在发展农村教育、提高农民文化水平的基础上，利用多种形式、多种手段宣传科学知识、科学方法和科学思想，引导农民破除迷信、崇尚科学；二是引导村民严格区分宗教信仰与封建迷信活动的界限，坚决遏止封建迷信蔓延、宗族势力抬头的不良风气；三是要通过行政和法律手段，取缔求神问卜等封建迷信活动；四是要重视对婚嫁丧葬、节日祭祀等民事活动的引导，实行婚事丧事简办，推进殡葬改革，反对赌博等社会丑恶现象，提倡科学、健康、文明的生活方式，引导农民移风易俗，破除封建迷信，逐步改善农村社会风气。

71. 村民委员会如何加强农村文化教育管理？

一是加强村办小学管理。村委会要设专人负责村办小学的管理，实行目标管理，并将其作为考核村委会干部工作成绩的重要内容。及时研究解决村办小学实际困难和问题，特别是教师待遇问题。要加强教师队伍建设，不断提高教师的教学水平和思想政治觉悟。

二是加强对农民的文化教育。有条件的地方，一般都应成立农民文化技术学校（夜校）。动员农民参加学校学习，不断提高农民的文化水平。村委会坚持实际、实用、实效的原则，办好农民技术学校，加强对农民的技术培训。把基础文化教育、专业技术教育和思想道德教育结合进行，积极开展丰富多彩、健康文明的文化娱乐活动。

三是搞好农村家政文化建设。家政建设的内容涉及衣、食、住、行等家庭物质生活方面，也涉及文化、情感、伦理等精神生活方面，核心是提高家庭成员素质，提高家庭物质、文化生活质量。搞好农村家政建设，要注意发挥妇联、共青团等群众组织的作用，选择好的载体，贴近群众生活，使群众乐于接受。

72. 村民委员会如何开展科学技术知识普及活动？

一要提高广大农民对学科技、用科技重要性的认识。要做好对农民的科学技术知识普及工作，使农民对科学技术在农业生产以及整个经济发展中的重要作用有新的认识。在帮助农民提高认识的过程中，让农民看得见科学技术对农业生产的巨大推动作用，要多用事实来帮助其提高认识。

二要充分发挥村干部的示范带头作用。村干部应该对科学技术知识，尤其是农业实用技术先学一步，多学几手，让农民群众看做什么和怎么做，积极主动地带领农民群众开展学科技、用科技活动。

三要强化培训。村委会要从实际出发，既考虑本地的生产经营需要，又要考虑到农民本身的实际情况，针对不同对象，采用不同的培训内容和培训形式。还要帮助农民群众解决在学习科技知识中的各种困难，调动他们学科技、用科技的积极性。

73. 村民委员会如何加强农村文化设施建设和农村文化市场的管理？

一是抓好农村的有线电视网络广播设施和群众文化工作网络建设。逐步完善相关设施，提高农村电视网络覆盖率，解决偏远地区农民看电视、用网络难的问题。以满足群众的基本文化生活需要为出发点，注重实用、实效原则，积极推广一些地方创造的文化与经济结合，以工补农，建立农村宣传文化中心等方面的经验，健全农村群众文化网络。严格禁止建立以发展文化、旅游为名兴建宣扬封建迷信的场所。

二是村民委员会干部与党员应积极加强对农村文化建设的管理。加强农村文化市场管理，要坚持一手抓繁荣，一手抓管理，持续不断地"扫黄打非"。要有效地防止这些不健康的内容充斥农村文化市场，必须严格遵循国家有关法律法规，不断加大执法力度，健全管理体制。要根据农民群众的需要，多组织好书、好戏、好电影下乡，精心组织农村传统节日活动以及群众喜闻乐见的花会、灯会、社火等文化活动，并利用文艺汇演、书画展览、体育比赛、举办丰收节等多种形式，为农民参与文化体育活动创造条件，推动农村群众性文化体育活动的开展，让社会主义精神文明的雨露，滋润广大农民的心田，培养一代有文化、有觉悟的新型农民。

74. 村民委员会如何加强对流动少年儿童的义务教育？

村民委员会要积极配合相关部门建立流动儿童少年登记制度。同时，流入地中小学应为在校流动儿童少年建立临时学籍。

流动儿童少年就学，以在流入地全日制中小学借读为主，也可进入民办学校、全日制公办中小学附属教学班（组）以及专门招收流动儿童少年的简易学校。招收流动儿童少年就学的全日制公办中小学，可依国家有关规定按学期收取借读费。专门招收流动儿童少年的学校、简易学校和全日制公办中小学附属教学班（组）收费项目和标准，按国务院发布的《社会力量办学条例》中的有关规定执行。流动儿童少年在流入地接受义务教育的，应经常住户籍所在地的县级教育行政部门或乡级人民政府批准，由其父母或其他监护人，按流入地人民政府和教育部门有关规定，向住所附近中小学提出申请。

75. 村人民调解委员会设立的标准是什么？

农村的人民调解委员会委员，依照《人民调解法》，由村民大会或村民代表大会选举产生。在多民族居住的农村地区组成人民调解委员会应有人数较少的民族代表参加。其设置根据农村的地域辽阔、人口分散等具体情况建立起大村（超过500户）、中村（200户以上，500户以下）、小村（少于200户）调解委员人数不等（大村一般为7~9人，中村一般为5~7人，小村一般为3~5人）的人民调解委员会。这种组织设置为及时发现纠纷和迅速解决争端提供了组织保证，从而更加接近群众、方便群众，更加有利于人民调解工作的普及与深入。

76. 村民委员会如何配合做好人民调解工作？

一要进行普法宣传教育。主要采取以下三种方法：①通过调解工作进行宣传。调解哪一种纠纷，即宣传哪一方面的法律、法规、政策和有关的道德规范，采取以案释法，就事讲道德，把法律与道德结合起来。通过典型案例宣传，针对性强，当事人和有关群众看得见，听得懂，便于记，收效更显著。②针对纠纷发生的规律进行宣传。民间纠纷的发生，也和其他事物一样，一般有规律可循，只要细心观察，认真分析，调解就能收到事半功倍的效果。③配合普法教育进行。普法教育是全民性的法制宣传教育，规模较大，持续时间久。人民调解委员会要抓住时机，针对民间纠纷的具体情况，进行社会主义法制和社会主义公德的教育，容易收到较好的效果。

二要建立工作制度。根据《人民调解法》规定和调解工作的实践经验，人民调解委员会应当建立以下几项主要工作制度：①纠纷登记制度；②纠纷讨论和共同调解制度；③岗位责任制度；④矛盾纠纷排查制度；⑤回访制度；⑥矛盾纠纷信息的传递与反馈制度；⑦统计制度；⑧文书档案管理制度。此外，还包括例会制度、培训制度、请示汇报制度、评比制度、业务学习制度等。

三是对调解员要有严格要求。调解员要立足于调解，扎扎实实地做好调解工作，必须做到：①思想上重视。要充分认识到做好调解，是贯彻人民调解工作方针的首要环节，是进一步搞好预防的前提和基础。②要掌握调解技巧。针对不同当事人的不同特点，采取灵活的调解方式和调解方法，一把钥匙开一把锁，才能收到事半功倍的效果。③工作上努力。人民调解工作是一项艰苦细致的思想政治工作，这就要求调解人员不仅要为人公正，具有一定的法律专业知识和政策水平，更要有全心全意为人民服务的思想，这样才能在调解工作中，不怕苦、不怕累，不怕打击报复，不计较个人得失，从而做好调解工作。

77. 当前农村民间纠纷包含的内容主要有哪些？

属于人民调解委员会调解的纠纷包含纠纷主体为家庭成员、邻里、同事、居民、村民等相互之间，因合法权益受到侵犯或者发生争议而引起的纠纷。按其表现形式分为人身权利纠纷、婚姻纠纷与家庭纠纷、财产权益纠纷、生产经营性纠纷和损害赔偿纠纷等。

当前，农村人民调解组织要重点调解土地承包政策实施过程中产生的各种纠纷，农业产业化服务的经济合同纠纷，征购提留、各业承包、计划生育、划分宅基地、财务管理的干群纠纷等。

78. 村民委员会如何配合做好民间纠纷的调解和处理？

（1）人民调解组织受理纠纷有三种方式，即申请受理、主动受理和移交受理。申请受理指纠纷当事人主动要求调委会调解，这表明他们自愿选择调解方式解决纷争，有利于纠纷及时、正确的解决；主动受理是指人民调解组织主动调解，体现了它的自我管理的民主自治组织的性质，有利于防止矛盾激化；移交受理是指当事人已告到基层人民政府、有关部门或起诉到法院的矛盾纠纷，基层人民政府、有关部门或人民法院认为更适宜通过人民调解方式解决的，在征得当事人同意后，移交当地人民调解委员会调解。

（2）在纠纷当事人申请调解和人民调解组织主动调解受理纠纷的方式中，都允许纠纷当事人选择人民调解员调解自己的纠纷。纠纷当事人一方或双方如果拒绝某调解员调解，经过解释，当事人仍然坚持的，人民调解组织应接受纠纷当事人的要求，派其信赖的人民调解员去进行调解。这样做，更有利于纠纷的及时、公正调解。被替换的人民调解员不该有别的想法。

（3）纠纷受理后，调解的第一个步骤是查明事实、分清是非；第二个步骤是进行调解；第三个步骤是主持协商。上述顺序是进行调解的一般做法。对一个简单的小纠纷来说，由人民调解员一人主持，纠纷双方当事人参加，只需要很短的时间这三个步骤即可同时完成；对一个较大较难的纠纷来说，可能主持协商的人不止一个，双方当事人也可能不止二人，还可能有其他证人、鉴定人等参加，程序相对复杂，进行调解的时间也可能较长。

（4）纠纷受理以后，调解员先要同纠纷双方当事人分别谈话，耐心听取双方的陈述，重视当事人举证，记录他们提供的证人证言及其他证据，需要到现场查看的，应及时亲自查看现场，必要时可作现场勘查笔录。在与纠纷当事人谈话中，要实事求是，诚恳地指出和分析其明显的或其本人承认的缺点与错误，帮助他们端正态度、提高认识。然后向周围群众和一切知情人做调查，向当事人工作单位以及与纠纷有关的其他单位了解情况。总之，要从各方面进行调查，全面搜集证据，掌握第一手材料，查清纠纷事实真相，分清是非曲直。在此基础上，对适用哪些法规、政策或社会公德进行调解解决，做到心中有数，方能奏效。

（5）调解员在查明事实，分清是非，并形成一个初步调解方案的基础上，即可开始对纠纷当事人进行调解。一般先背靠背，条件成熟时，也可面对面，以国家法律、政策、社会公德规范为依据，对纠纷双方进行说服疏导，同时征求群众和有关单位意见（但仅作参考）。人民调解员独立自主地提出（比较大的复杂的纠纷，由人民调解委员会集体讨论决定）一个合情合理合法又切实可行的调解方案，根据这个初步方案，进行调解，当纠纷当事人双方意见一致，表示接受调解方案，或者双方意见与调解方案比较接近时，即可确定时间、地点召开调解会，主持协商，这样方可取得调解的最佳效果。

（6）召开调解会。"调解会"是人民调解组织调解民间纠纷解决具体问题时，主持纠纷双方当事人当面进行平等协商的一种主要形式，开"调解会"就如同人民法院与仲裁机关的"开庭"一样，都是有其特定含义的，与一般的所谓"开会"的含义有所不同。开调解会，必须是纠纷当事人双方出席进行。所以，纠纷当事人双方必须按人民调解组织通知的时间、地点出席调解会。调解会由人民调解员1～3人主持，小纠纷可由调解员1人主持，比较大的复杂的纠纷，可由2人或3人主持，由2人以上主持的，应由调解小组或调解委员会明确指定1名调解员为调解会的首席调解员。

（7）签写调解协议书。调解协议，就是在人民调解组织的主持下，纠纷双方当事人平等协商、解决纷争的一致意见。这是纠纷双方当事人同意的、人民调解组织认可的解决具体纠纷的意见和办法，即调解结果。它的内容一般用文字如实记载，形成一个书面的调解协议（即调解协议笔录），由人民调解组织存档备查，必要时，可作为人民调解委员会制发调解协议书（简称调解书）的根据。调解协议的主要内容应包括：调解时间；地点；人民调解员姓名；主要调解参与人姓名及身份等基本情况；纠纷双方当事人姓名及身份等情况；纠纷事实与争议焦点；调解理由；达成的具体协议事项；纠纷双方当事人签名或盖章；主要调解参与人签名或盖章，人民调解员签名或盖章。

调解协议最重要的核心内容是人民调解组织认可、双方当事人协商达成的具体协议事项，必须将这些事项具体、准确、完整地一一填写清楚。至于纠纷事实、争议焦点、调解理由等，由于双方已达成协议，一般可不必详细地交代和论述，可详可简。总之，调解协议要简明扼要，突出达成协议的具体事项。

凡是达不成协议，调解不能成立而结束调解的，人民调解组织和人民调解员应根据情况分别告知纠纷当事人：可申请司法助理员调解；也可申请基层法律服务所调解；还可提请基层人民政府处理；如果是仲裁机关管辖的纠纷，可向有管辖权的仲裁机关申请调解或裁决；如果是法律问题，可向有管辖权的人民法院起诉。这些途径只供纠纷当事人参考，由本人自愿选择。必要时，应劝告纠纷当事人冷静、理智、正确对待，依法办事，不可感情用事，扩大纠纷事态，更不可采取过激行动使矛盾转化为刑事犯罪。

（8）调解协议的履行。达成调解协议以后，矛盾双方必须履行相关义务。履行调解协议的方式，可分为自觉履行和督促履行两种。

自觉履行。就是在调解协议中负有义务的一方当事人（简称义务人，下同），不需要人民调解组织的督促和享有权利的一方当事人（简称权利人，下同）的催促，自觉主动地履行协议中确认应尽的义务事项和具体要求，使协议得以兑现。

督促履行。就是在协议确认的履行义务的时间已到或者已经超期，而义务人还没有履行义务的情况下，人民调解组织去提醒、催促义务人履行义务。督促不是强制，而是促使当事人在自愿的前提下，积极履行承担的义务。

人民调解组织在达成协议后，还要进行回访，了解思想动态，继续进行法制宣传与道德教育等思想工作，督促双方履行协议，巩固调解成果。当事人达成调解协议后翻悔，拒不履行，或者履行了协议规定的部分义务而不履行剩余的其他部分义务，人民调解组织只能采取如下处理办法：

一是经人民调解委员会研究决定，认为翻悔有理，双方当事人又请求或者同意人民调解组织重新调解的，可以重新调解。

二是对翻悔有理，但不再接受人民调解组织重新调解的，以及经人民调解委员会研究决定，认为翻悔无理，再次说服教育，讲明无理翻悔后果，动员自觉履行而无效的，均应告知双方当事人自愿选择其他解决纠纷的方式。人民调解委员会应正告当事人切不可实施违法、犯罪行为，也不可扩大纠纷，造成严重后果。

79. 村民委员会治安保卫委员会有哪些职责？

1. 村民委员会治安保卫委员会的职责

（1）密切联系人民群众，做好防盗、防水、防灾、预防安事故的工作，参与制订并监督执行有关村规民约或村民自治章程，组织发动群众落实安全岗位责任制。

（2）协助公安部门搞好群众治安联防，维护社会秩序，保卫所在地区的重要部门、要害部门和公共场所的安全，劝阻和制止违反治安管理条例的行为，维护国家、集体和人民群众的合法权益。

（3）与学校、工矿企业等单位配合，帮助教育有违法和轻微犯罪行为的人认识、改正错误，特别要做好失足青少年的教育挽救工作。

（4）将通缉在案和越狱逃跑的罪犯以及正在被追捕、正在实施犯罪或犯罪后被发现的罪犯扭送公安机关；及时向有关单位和组织报告有可能引起违反社会治安管理条例或者酿成刑事案件的民间纠纷，并协助做好教育疏导工作。

（5）协助公安机关破案。

（6）依法对被管制、假释、宣判缓刑、监外执行和剥夺政治权利的罪犯以及被监视居住的人，进行监督、教育和考察。

（7）教育群众遵纪守法，增强法制观念，树立良好的社会道德风尚。

（8）向基层人民政府和公安部门反映群众对治安保卫工作的意见、要求和建议，协助公安部门做好其他有关社会治安工作。

2. 社会治安管理的主要任务

（1）组织村民学法、知法、守法，自觉地维护法律的权威和尊严，同一切违法犯罪行为作斗争。

（2）教育村民之间要团结友爱，和睦相处。

（3）教育村民自觉维护社会秩序和公共安全，不扰乱公共秩序，不妨碍公务人员执行公务。

（4）严禁偷盗、敲诈、哄抢国家、集体、个人财物，严禁赌博，严禁替罪犯隐藏赃物。

（5）严禁非法生产、运输、储存和买卖爆炸物品。

（6）爱护公共财产，不损坏水利、交通、供电、生产等公共设施。

（7）教育村民不得在公路上打场晒粮，挖沟开渠，堆积土石，摆摊设点，不得以任何理由妨碍交通秩序。

（8）不制作、出售、传播淫秽物品，不调戏妇女，遵守社会公德。

（9）严禁聚众赌博。

（10）严禁非法限制他人人身自由，或者非法侵犯他人住宅，不准隐匿、毁弃、私拆他人的邮件。

（11）认真遵守户口管理制度，出生、死亡要及时申报和注销。外来人员，需要在本村短期居留的，要向村治安保卫委员会汇报，办理暂住手续。

（12）建立治安巡逻制度。组织联防队员或村民义务巡逻，维持村内社会治安。

（13）对触犯刑法的，及时送司法机关处理。

80. 村民委员会在本村计划生育工作方面有哪些职责？

（1）依法做好人口和计划生育工作。

（2）按照规定填报人口和计划生育统计报表。

（3）按照规定做好人口与计划生育的其他工作。

81. 农村养老保障的方式有哪些？

受城乡经济社会二元化结构、经济发展水平和收入水平等因素影响，我国农村主要依赖传统的家庭赡养实现养老保障，社会养老保障的实施范围还很小。

1. 土地保障

《老年人权益保障法》明确提出，在农村要逐步建立和完善土地保障、家庭赡养和社会扶持相结合的农民养老保障体系。实行家庭联产承包制后，每个农村居民都获得了一块有长期使用权的土地，成为其生活的基本保障，这即是农村的土地保障。《土地管理法》第十三条规定，"农民集体所有和国家所有依法由农民集体使用的耕地、林地、草地，以及其他依法用于农业的土地，采取农村集体经济组织内部的家庭承包方式承包，……家庭承包的耕地的承包期为三十年，草地的承包期为三十年至五十年，林地的承包期为三十年至七十年；耕地承包期届满后再延长三十年，草地、林地承包期届满后依法相应延长。"第十二条规定："依法登记的土地的所有权和使用权受法律保护，任何单位和个人不得侵犯。"对于老年人的土地保障还规定，老年人因年老丧失劳动能力，不能在土地上耕作维持自身生活需要时，根据《老年人权益保障法》规定，"赡养人有义务耕种老年人承包的田地，照管老年人的林木和牲畜等，收益归老年人所有。"目前，土地保障在农村养老保障中的重要作用必须肯定。但专家认为从发展的角度，土地保障职能的存在使农村人口在完全脱离农业转入其他产业后，仍不愿意放弃土地使用权，把土地作为最后的生活保障，客观上影响了农村现代化的进程。因此，弱化土地保障功能，逐步建立农村社会保障制度，并寻求合理有效的方案，采用以土地换社会保障的方式，使离开土地并放弃使用权的农村人口的养老、医疗、失业等劳动风险先期纳入社会保障范畴，是亟待解决的问题。

2. 养老保险

2009 年推行的新型农村社会养老保险（简称新农保）是以保障农村居民年老时的基本生活为目的，由政府组织实施的一项社会养老保险制度，是国家社会保险体系的重要组成部分。养老待遇由社会统筹与个人账户相结合，与家庭养老、土地保障、社会救助等其他社会保障政策措施相配套，建立个人缴费、集体补助、政府补贴相结合的筹资模式。该制度从 2009 年试点覆盖全国 10％的县（市、区、旗），到 2020 年之前基本实现对农村适龄居民的全覆盖。

（1）个人缴费。参加新农保的农村居民应当按规定缴纳养老保险费。缴费标准设为每年 100 元、200 元、300 元、400 元、500 元 5 个档次，地方可以根据实际情况增设缴费档次。

参保人自主选择档次缴费，多缴多得。国家依据农村居民人均纯收入增长等情况适时调整缴费档次。

（2）集体补助。有条件的村集体应当对参保人缴费给予补助，补助标准由村民委员会召开村民会议民主确定。鼓励其他经济组织、社会公益组织、个人为参保人缴费提供资助。

（3）政府补贴。政府对符合领取条件的参保人全额支付新农保基础养老金，其中中央财政对中西部地区按中央确定的基础养老金标准给予全额补助，对东部地区给予 50% 的补助。地方政府应当对参保人缴费给予补贴，补贴标准不低于每人每年 30 元；对选择较高档次标准缴费的，可给予适当鼓励，具体标准和办法由省（区、市）人民政府确定。对农村重度残疾人等缴费困难群体，地方政府为其代缴部分或全部最低标准的养老保险费。

国家为每个新农保参保人建立终身记录的养老保险个人账户。个人缴费，集体补助，其他经济组织、社会公益组织、个人对参保人缴费的资助，地方政府对参保人的缴费补贴，全部记入个人账户。个人账户储存额每年参考中国人民银行公布的金融机构人民币一年期存款利率计息。

养老金待遇由基础养老金和个人账户养老金组成，支付终身。

中央确定的基础养老金标准为每人每月 55 元。地方政府可以根据实际情况提高基础养老金标准，对于长期缴费的农村居民，可适当加发基础养老金，提高和加发部分的资金由地方政府支出。

个人账户养老金的月计发标准为个人账户全部储存额除以139（与现行城镇职工基本养老保险个人账户养老金计发系数相同）。参保人死亡，个人账户中的资金余额，除政府补贴外，可以依法继承；政府补贴余额用于继续支付其他参保人的养老金。

年满 60 周岁、未享受城镇职工基本养老保险待遇的农村有户籍的老年人，可以按月领取养老金。

国家根据经济发展和物价变动等情况，适时调整全国新农保基础养老金的最低标准。

3. 计划生育养老保险

计划生育养老保险是计划生育部门组织的，旨在解除农村计划生育户养老后顾之忧的一种社会养老形式。计划生育养老保险形式采取计划生育部门组织与中国人民保险集团公司合作，保险公司主管，委托各地计划生育协会代办。成立计划生育养老基金会，根据地方的有关法规政策筹集养老基金，所筹资金存入银行保值增值，作为日后向符合条件的计划生育户支付养老金所用。计划生育养老保险资金筹集方式：一是采取地方财政、乡镇集体、参保个人三方共同负担，多数地区采用这种筹资办法。二是完全由财政承担，或从计划生育罚款中开支。实践证明，用计划生育罚款解决计划生育农户养老保险，有很多负面影响。除以上保障措施，农村老年人符合条件者还可以通过国家的扶贫政策、优抚制度享受基本生活保障。一些地方开始探索农村居民的最低生活保障制度。

82. 农村五保供养工作是什么？

"五保"是指在农村，由集体经济负责，对于生活没有依靠、基本丧失劳动能力的老、弱、孤、寡、残疾者，特别是对孤寡老人和孤儿实行保吃、保穿、保住、保医、保葬（孤儿保教）的供给政策，简称"五保"。五保制度是指依托集体经济对农村无依无靠的老、弱、孤、寡、残疾人员实施的一种农村基本生活保障制度。

83. 农村五保供养的形式有哪些?

从全国各地的实践看,五保供养的主要形式有以下几种:

(1) 集中供养。即集体供养,主要由农村敬老院、福利院负责供养,是一种较普遍的集中供养形式。一般以乡、镇为单位,通过社会集资、集体支出等形式筹集资金和国家拨款援助、建造房舍,将本乡、镇的五保户集中到一起,实行集体供养。这种形式可以全面可靠地保障五保户的生活,应予以发展和完善。敬老院、福利院还应面向社会开放,收养自己付费的社会老人,为发展敬老事业积累资金,创造条件。

(2) 集体供养和分散供养。即由乡或村统筹分配供养五保户的款物,并由集体给予必要的照顾和护理。实行分散供养应由乡镇人民政府或村委会组织妇女、青年、学生为五保老人送温暖、做好事,对生活自理有困难的老人还要派专人护理。

(3) 由亲友供养。即由五保户与亲友自愿协商,通过签订五保供养协议或遗赠扶养协议,建立供养关系。供养者承担保障五保户吃、穿、医、住、乐、用、葬、教等全面供养义务。抚养人享受经营五保户原有生产资料和继承其遗产的权利。

(4) 集中住供养。即选择合适的地方,将五保户集中在一处居住,分别自己做饭。这种小型公寓式的供养方式迎合老年人惧怕孤独的心理,老人之间可以相互照顾、相互爱护,是老人容易接受的集中生活形式。

(5) 义务供养。即供养人自愿将五保户接到家中或主动到五保户家中落户,集体不出资,或只出一部分生活费用,老人生活完全由供养人照顾。

（6）网络供养。即以乡（镇）敬老院为依托建立五保服务中心，对五保工作实行统管。村成立五保服务小组或五保服务站，抓五保供养工作，每个五保户由包户小组负责照料，构成乡、村、户三级五保服务网络。这是在乡（镇）统筹供养五保户和乡（镇）办敬老院的基础上发展起来的较高级的五保供养形式，是动员社会力量，做好五保工作的一个有效办法，是五保供养发展的方向，应予提倡。

选定五保户的供养形式，必须从各地实际情况出发，因地制宜，因户制宜，哪种形式适当选哪种，不能一刀切，不采用一个模式。

84. 农村五保供养的标准和内容是什么？

农村五保供养标准不得低于当地村民的平均生活水平，并根据当地村民平均生活水平的提高适时调整。农村五保供养标准，可以由省、自治区、直辖市人民政府制定，在本行政区域内公布执行，也可以由设区的市级或者县级人民政府制定，报所在的省、自治区、直辖市人民政府备案后公布执行。

五保供养要包括以下内容：供给粮油和燃料；供给服装、被褥等用品和零用钱；提供符合基本生活条件的住房；及时治疗疾病；有人照料生活不能自理者；妥善办理丧葬事宜；五保对象是未成年人的，保障他们依法接受义务教育。

农村五保供养对象未满16周岁或者已满16周岁仍在接受义务教育的，应当保障他们依法接受义务教育所需费用。

农村五保供养对象的疾病治疗，应当与当地农村合作医疗和农村医疗救助制度相衔接。

85. 农村五保供养资金的筹集方式有哪些？

农村五保供养资金，在地方人民政府财政预算中安排。有农村集体经营等收入的地方，可以从农村集体经营等收入中安排资金，用于补助和改善农村五保供养对象的生活。农村五保供养对象将承包土地交由他人代耕的，其收益归该农村五保供养对象所有。具体办法由省、自治区、直辖市人民政府规定。中央财政对财政困难地区的农村五保供养，在资金上给予适当补助。

农村五保供养资金，应当专门用于农村五保供养对象的生活，任何组织或者个人不得贪污、挪用、截留或者私分。

农村实行税费改革后，农村五保供养资金发生了变化，除保留原有集体经营收入开支的以外，从农业税附加收入中列支；村级开支确有困难的，乡镇财政给予适当补助。免征、减征农业税及其附加后，原从农业税附加中列支的五保供养资金，列入县乡财政预算。地方在安排使用农村税费改革转移支付资金时，应当确保五保供养资金的落实，不得截留、挪用。集中供养经费可由县级财政部门根据县级民政部门提出的用款计划直接拨付敬老院；分散供养经费可由县级财政部门根据县级民政部门提出的用款计划，通过银行直接发放到户。

民政部、国家发展和改革委员会、财政部 2006 年下发的《关于贯彻落实〈农村五保供养工作条例〉的通知》指出，各地要建立稳定的资金筹措机制。一是要在地方人民政府财政预算中安排农村五保供养资金。在中央财政逐步加大对困难地区补助力度的同时，各地要依据当地农村五保供养标准和农村五保供养对象数量合理安排资金，并根据农村五保供养对象数量变动，尤其各地摸底排查情况，及时调整预算以满足实际需要。二是要充分发挥农村集体经济组织的作用。有集体经营等收入的地方，要从收入中适当安排资金或实物，用于补助和改善农村五保供养对象的生活。三是要保护农村五保供养对象的土地承包权益。在自愿基础上，鼓励和支持农村五保供养对象将承包土地交由他人代耕，其收益归该农村五保供养对象所有。

各地要进一步规范资金发放。县级人民政府财政部门要根据同级民政部门提出的用款计划，及时核拨农村五保供养资金。有条件的地区要逐步推行社会化发放方式，确保农村五保供养资金及时发放到户、落实到人。

86. 确定五保对象的程序是什么？

五保对象的审批程序为：由本人申请或者由村民小组提名，经村民代表会议民主评议，村民委员会初审，乡级民政部门审批并颁发《农村五保供养证书》。

第一步是申请。指由本人向村委会或村民小组提出书面申请，或由村民小组向村委会提出申请。享受农村五保供养待遇，应当由村民本人向村民委员会提出申请；因年幼或者智力残疾无法表达意愿的，由村民小组或者其他村民代为提出申请。

第二步是审查。指村民委员会派人审查，村民代表大会通过，然后上报乡镇人民政府。经村民委员会民主评议，对符合本条例第六条规定条件的，在本村范围内公告；无重大异议的，由村民委员会将评议意见和有关材料报送乡、民族乡、镇人民政府审核。

第三步是批准。指乡镇人民政府根据村上报情况予以审批，并对增加五保对象所需粮款作出预算，列入下年度统筹规划。乡、民族乡、镇人民政府应当自收到评议意见之日起 20 日内提出审核意见，并将审核意见和有关材料报送县级人民政府民政部门审批。县级人民政府民政部门应当自收到审核意见和有关材料之日起 20 日内作出审批决定。对批准给予农村五保供养待遇的，发给《农村五保供养证书》；对不符合条件不予批的，应当书面说明理由。

87. 我国农村老年人合法权益的主要内容有哪些?

老年人的合法权益是指老年人依据宪法和法律应当享有的各种权益。权益是指权力和利益，所有公民都享有的权力和利益，农村老年人也同样享有。

（1）政治权利。老年人的政治权利是指老年人享有参加国家管理、参政议政的权利和在政治上表达个人见解和意愿的自由。

（2）人身自由权利。人身自由权利是每个公民从出生之时起直到死亡为止自始至终享有并受法律保护的一项基本权利。人身自由权利是老年人行使其他一切自由权利和从事各种社会活动的前提。老年人的人身自由权利主要有以下内容：①老年人的人身自由不受侵犯。②老年人的人格尊严不受侵犯。③老年人的住宅不受侵犯。④老年人的通信自由和通信秘密受法律保护。⑤老年人有宗教信仰的自由。

（3）社会经济权利。老年人的社会经济权利是指老年人享有的经济物质利益方面的权利，是老年人实现其他权利的物质保障。老年人享有如下社会经济权利：①劳动和休息的权利。老年人虽已退出工作岗位，但劳动的权利并没有丧失，老年人有继续参加劳动的权利，有继续参与社会发展的权利。国家为老年人参与社会主义物质文明和精神文明建设创造条件。②退休老年人的生活保障权。国家依照法律规定实行企业事业组织的职工和国家机关工作人员的退休制度，退休人员的生活受国家和社会的保障。③物质帮助权。老年人有从国家和社会获得物质帮助的权利，有享受社会发展成果的权利。

（4）受赡养扶助的权利。老年人为社会、家庭贡献了毕生的精力，在他们年老体弱、丧失劳动能力的时候，理应受到全社会和下一代的尊敬和关怀，给予生活上的赡养扶助。老年人享有受赡养扶助的权利，老年人的子女以及其他依法负有赡养义务的人，应当履行对老年人经济上供养、生活上照料和精神上慰藉的义务，照顾老年人的特殊需要。

（5）财产所有权。财产所有权是民事权利中最重要、最基本的权利之一。老年人作为财产所有人依法对自己的财产享有占有、使用、收益和处分的权利。老年人享有财产所有权，是老年人确立其社会地位的物质保障。老年人有权依法处分个人的财产，子女或者其他亲属不得干涉，不得强行索取老年人的财物。

（6）婚姻自由权利。老年人有权依照法律规定，自主自愿地决定自己的婚姻问题，不受任何人强迫、限制和干涉。老年人的婚姻自由受法律保护。子女或者其他亲属不得干涉老年人离婚、再婚及婚后的生活。赡养人的赡养义务不因老年人的婚姻关系变化而消除。暴力干涉老年人婚姻自由，构成犯罪的，依法追究刑事责任。

（7）住房权。住房是老年人主要的生活环境，直接关系到老年人的身心健康。赡养人应当妥善安排老年人的住房，不得强迫老年人迁居条件低劣的房屋。老年人自有的或者承租的住房，子女或者其他亲属不得侵占，不得擅自改变产权关系或者租赁关系。老年人自有的住房，赡养人有维修的义务。老年人所在组织分配、调整或者出售住房，应当根据实际情况和有关标准照顾老年人的需要。

（8）继承权。老年人享有依照法律规定或者被继承人生前立下的合法有效的遗嘱承受被继承人遗产的权利。老年人的继承权，对于保证老年人的生活水平，保障老年人安度晚年，具有重要意义。老年人有依法继承父母、配偶、子女或者其他亲属遗产的权利。

（9）文化教育权利。老年人的文化教育权利包括受教育权，进行科学技术研究、文学艺术创作和其他文化活动的自由。这些权利的实现可以使老年人生活得更丰富、更愉快。

以上只是老年人合法权益的主要方面，老年人还享有其他许多权益。老年人作为弱势群体，需要更多的、特别的保护。

88. 农村残疾人工作有哪些内容？

残疾人是社会的弱势群体，加强村委会的残疾人工作，使他们感受到祖国大家庭的温暖，是社会主义优越性的重要体现。搞好农村残疾人工作，必须根据农村的实际情况，落实残疾人的福利，尽力保障残疾人的各种合法权益。主要有：

（1）残疾人的就业工作。劳动就业是残疾人平等地参与社会生活的基本条件。目前，农村的残疾人就业问题较为突出。村委会要积极创造条件，举办乡村福利生产企业；对有专业技术的残疾人可根据其特长，支持、帮助他们各尽所能，各得其所。动员社会力量，支持、帮助残疾人进行培训，使他们能掌握一技之长，既能自谋职业，也能服务于社会。总之，对残疾人的劳动就业问题，本着国家、集体、个人三结合原则，发挥群体功能，不断拓宽残疾人的就业门路。

（2）残疾人教育。要从根本上改善残疾人生活状况，最终取决于文化素质的提高。残疾人教育，最主要是抓基础教育。农村的残疾人文化素质一般较低，文盲、半文盲占多数。农村残疾人教育，要联合教育部门及其他有关部门积极地配合县乡开展工作，开展多种类型的残疾人职业培训教育、弱智教育、康复训练，使众多的残疾人成为生活的强者。

（3）丰富残疾人的精神生活。文体活动的开展，是活跃残疾人生活、增加新的精神"食粮"的有效途径。因此，村委会要因地制宜，灵活多样地开展丰富多彩的文体活动，要建立残疾人文体活动场所，有意识地发现和培养文体人才，并向上级有关部门推荐。

（4）广开残疾人工作的资金来源。随着乡镇经济的迅速发展，企事业单位、家庭和个人的财力也逐步增加，这对于多途径、多种形式扩大资金来源，提供了较为有利的机会。因此，要开展多项社会活动，疏通渠道，募集资金，为残疾人服务。同时，要多渠道、多形式地创办好福利企业或经济实体，使募集资金有一个稳定的增值渠道。要管好、用好福利基金，使之真正取之于社会，用之于残疾人事业。

（5）做好残疾人事业的宣传工作。充分利用各种宣传形式，把社会主义人道思想广泛地渗透到社会的各个领域，动员全社会都来关心残疾人，宣传党和政府的有关政策，宣传残疾人自强不息、奋发进取的先进事迹，宣传帮助残疾人随同社会共同进步是全社会义不容辞的责任。

• 知识窗 14：

乡 村 振 兴 战 略

乡村振兴战略是习近平同志 2017 年 10 月 18 日在党的十九大报告中提出的。十九大报告指出，农业农村农民问题是关系国计民生的根本性问题，必须始终把解决好"三农"问题作为全党工作的重中之重，实施乡村振兴战略。

2018 年 1 月 2 日，国务院公布了 2018 年中央 1 号文件，即《中共中央国务院关于实施乡村振兴战略的意见》。2018 年 3 月 5 日，国务院总理李克强在《政府工作报告》中讲到，大力实施乡村振兴战略。2018 年 5 月 31 日，中共中央政治局召开会议，审议《国家乡村振兴战略规划（2018—2022 年）》。2018 年 9 月，中共中央、国务院印发了《乡村振兴战略规划（2018—2022 年）》，并发出通知，要求各地区各部门结合实际认真贯彻落实。

89. 如何进行农村突发事件舆情处置？

应急管理是国家治理体系和治理能力现代化的重要内容之一，而农村应急管理体系与能力建设是国家应急管理体系和能力现代化的有机组成部分。要化解农村突发事件，保持农村社会平稳有序，要做到：一是重视民众诉求表达，直面问题，化解矛盾；二是加强信息联动协作，力争信息公开透明；三是主动作为，牢牢占领话语阵地；四要推进应急素质教育，构建舆情引导长效机制。

90. 村干部怎样提高理论学习的能力？

提高理论学习的能力，村干部应做到以下几点：

（1）从"被动学习"转变为"主动学习"。一名合格的村干部需要马克思主义理论的正确指导，需要科学文化的全面武装，需要有政治鉴别力和敏锐性，这一切的前提是抓好学习。因此，村干部应做到主动学习、主动思考，不断提升自己的政治理论水平和政治修养，了解党的路线方针政策，熟悉各项扶贫政策和"三农"知识，领会和掌握党的重大会议精神，确保在具体的执行过程中不盲从，在宣传政策上不走样。

（2）创新学习方法。村干部的学习教育一般以集体学习为主，主要以专题研讨、报告会、培训讲座等形式进行，虽然有一定的优势，但却远远不够。随着信息技术的不断发展，村干部也可以通过网络、手机等新媒体拓宽学习渠道，获取更多的理论学习资源，通过创新方法来提高学习效率和针对性。

（3）从单纯学习理论向学习理论同科学决策、指导工作和改造主观世界相结合转变。理论学习的目的在于运用，在于把所学的知识运用到改革和建设的实践中。不能为学习而学习，为学文件而学文件。学习时必须紧密联系个人思想、工作、生活实际，自觉地把自己摆进去，把问题摆出来。只有这样，才能在实践中会干事、干成事、不出事，顺利地促进本村经济社会各项事业全面发展。

91. 村干部怎样更好地汇报工作？

（1）提升自己的语言表达能力和文字撰写能力。在工作中，恰如其分的汇报能够让领导更好地了解村情民情，为决策提供依据。因此，村委会干部应该提升自己的语言表达能力和文字撰写能力，让自己能够恰如其分、条理清楚地向各级领导如实汇报工作，把问题找出来、讲清楚，为领导科学决策提供真实、准确、可靠的信息依据。

（2）选择合适的时机。汇报工作要根据领导的工作安排事先约定，然后按约定好的时间到达，并把握好汇报的时间。汇报工作要把握好时机，不仅要及时汇报，而且要抓住领导的时间空当，切忌在领导最繁忙、最紧张的节骨眼上去"凑热闹"。

（3）汇报前理清思路。在向领导汇报工作之前，应该想清楚先说什么，后说什么，哪些问题应该简略叙述，哪些问题必须详细说明，理出清晰的思路。特别是向领导汇报重大问题之前，必须先在脑海中把要汇报的问题以提纲的形式，列出一个分条目的小标题，记在心中，在汇报时逐条阐述。

（4）重点突出，逻辑清晰。提前想好汇报目的和核心要点，开篇简明扼要，将重要的事情放在最前面说，开门见山指出汇报要点，快速引起领导注意。一般情况下在听取汇报时领导总是想先了解事情的结果，所以在汇报工作时要先说结果再谈过程和程序，这样就可以有效节省时间。

（5）反映情况全面、客观、准确。领导只有全面了解工作开展情况才能作出准确判断，形成合理的决策。所以村干部在汇报工作时既要从宏观上汇报工作的进展情况、存在的问题以及发展趋势，又要从微观上汇报工作开展中一些对整体效果有影响的细节。既要汇报工作所取得的成绩和效果，又要汇报工作推进中存在的问题以及主客观原因。汇报工作要用事实来说话，用数据来明理，切忌大而化之、模棱两可。

92. 村干部怎样坚持走群众路线？

群众路线就是一切为了群众，一切依靠群众，从群众中来，到群众中去。群众路线是我们党的根本工作路线，也是基本的领导方法和工作方法。密切联系群众是我党的优良传统、政治优势和本质特征。村干部工作在农村，服务于"三农"，是党在基层为民办事的服务员，因此，尊重群众、团结群众、遇事同群众商量，才能获取群众的信任与支持。有了群众的支持与拥护，村干部才能够在岗位上顺利开展工作。

要坚持走群众路线，就要深入地了解群众，倾听群众的呼声，解决群众的实际问题。村干部首先要认真了解农村生活中的实际情况和问题，在这个基础上经过筛选、补充形成符合实际的意见，所做决策应当符合本村群众利益，体现本村群众的愿望。其次要实现村委会干部责任的"两化"。一是村委会的决策要化为村民的意见。这需要干部把村民分散的意见集中起来，整理转化为系统的决策后再到群众中宣传，将其化为村民自己的意见。二是把决策化为村民的行动。村干部要向村民宣传村委会的决策，让大家理解、接受，把决策落到实处。

93. 村干部怎样坚持依法办事？

随着农村改革的深化和经济关系的调整，群众经济利益的摩擦、思想观念的碰撞等引发的矛盾变得复杂多样，如果处理不及时，方法不得当，就有可能引起群众的不满，影响干群关系的融洽，造成社会的不安定。因此做好农村工作，既需要学法、懂法，把党的政策交给农民，维护农民群众的根本利益，同时，又要求我们讲原则，讲立场，不回避矛盾，敢于同歪风邪气作斗争。村干部要解决好农村的各种矛盾和问题，要坚持依法办事，不能意气用事，更不能用"我说了算"的家长作风处理。村干部要最先带头学法、守法、严格依法办事，学会用法律维护本村村民的合法权益。

94. 村干部如何用好"牵牛鼻子"的工作方法？

"牵牛要牵牛鼻子"，是指抓主要矛盾、抓中心工作、抓关键环节的工作方法。马克思主义辩证法认为，事物由多种矛盾所组成，矛盾又有主要和次要之分，其中主要矛盾处于支配地位，对事物的发展起主导作用，并规定和影响着其他矛盾的转化。一旦主要矛盾得以解决，次要矛盾就能"迎刃而解"。因此，在工作中要善于抓住主要矛盾，也就是"牵牛鼻子"。其工作方法要点有三：

（1）要统观全局，心中有数。村干部要对本村全面情况、各项工作心中有数、全局在胸，然后认真分析，弄清问题之间的内在联系，分清轻重缓急，从中找出"牵一发而动全身"的主要矛盾，看准"牛鼻子"的所在。切忌"瞎子摸象"，以偏概全，没有找准"牛鼻子"，"牵牛鼻子"也就无从谈起。

（2）集中力量，重点突破。看准了"牛鼻子"，就要敢于和善于抓住它。村干部常常碰到犟牛或顽牛，牵住它颇费力气。怎么办呢？方法就是集中力量，重点突破。抓住了主要矛盾，就全力以赴，穷追不舍，切忌畏首畏尾，优柔寡断，让"顽牛"扬长而去。

（3）抓点带面，活跃全盘。解决主要矛盾为解决次要矛盾创造了前提和条件，这就是常说的"一步走活满盘棋"。但这并不意味着次要矛盾已经解决，不可将"迎刃而解"曲解为"不抓而解"。要利用主要矛盾解决而造成的主流顺畅的态势，适时把其他次要问题提上日程，妥善处理，达到主次相接，有机配合，全盘皆活。谨防虎头蛇尾，前紧后松，失去本应得到的圆满结局。

"牵牛要牵牛鼻子"，抓农村工作要抓到点子上。农村工作千头万绪，一定要分轻重缓急。村干部在整体推进工作时，必须重点突出，集中有限的人力、物力放在重点工作上。

95. 村干部怎样坚持一切从实际出发的工作方法?

我国各地区情况千差万别，农村所面临的具体情况也不尽相同。村干部长期处在农村工作的第一线，每天都能接触到农民群众和他们的实际问题。在这样的情况下，在贯彻执行党和国家的路线、方针、政策时，必须结合本村情况，从本村实际出发，只有这样才能达到预期目的。

坚持一切从实际出发，需要注意以下几个方面:

(1) 多听、多问、多调查。尽管村委会干部身在基层，农村工作经验比较丰富，但农村形势瞬息万变，新问题层出不穷，如果不听、不问、不调查，不了解农民的要求和愿望，开展工作必然会遇到困难。所以，村委会干部要多和村民沟通，倾听群众的心声。

(2) 具体情况具体分析。村委会干部的工作就是要处理具体问题，解决具体矛盾，完成具体任务，实现具体目标。因此，要善于把上级文件、指示和规定同本村的具体情况相结合，采取切合实际的方法。

(3) 善于借鉴别人的经验。外出参观考察、学习借鉴外地经验可以取长补短，少走弯路，但不能简单模仿，照抄照搬。

96. 村干部怎样坚持说服教育的工作方法?

说服教育原则，就是村干部开展工作时不能搞强迫命令，而必须靠说服、动员、解释、教育等细致的思想工作来保证各项决定和村规民约的贯彻落实。

坚持说服教育的原则，是由村委会的性质所决定的。村委会作为农村基层群众自治组织，与国家政权不同。国家政权掌握着军队、警察等强制力量，对国家法律法规的遵守和执行，虽然也要进行说服教育，但国家强制力的保证是一个重要的方面。而村委会不是国家政权机关，没有强制力量，对村委会作出的决定和制定的村规民约，没有强制力量保证其实施，对违反村委会决定和村规民约的行为，不能使用强制手段，特别不能限制其人身自由。村干部只能采取说服教育的办法对群众做思想工作，通过摆事实、讲道理，使违反者知错改错。村委会调解民间纠纷，也只能通过说服教育，在双方自愿的基础上达成调解协议。达不成协议的，村委会不能强制一方妥协；达成协议后拒不履行的，村委会也不能强制其履行。

坚持说服教育，村干部要做到平心静气，不能急躁，对群众一时不理解、想不通的事情，不能强行推行，要允许群众有一个逐步认识的过程。搞强迫命令，虽然决策可以很快执行，但一旦决策错误，所造成的后果也很严重。采用说服教育的方式，虽然见效不那么快，但就长远而言，则可以避免许多错误，更好地实现村民自治。

97. 村干部怎样坚持少数服从多数的工作方法？

实行民主集中制，少数服从多数，是群众路线的重要体现，是民主的内在要求。实行民主，大家都有权参加涉及公共事务和公益事业等问题的讨论决定，意见难免不一致，大家都有各自的主张，难以达成统一的意见。这时候只能实行少数服从多数，按照多数人的意见作出决定。就村委会而言，由于村委会成员人数较少，为了使村委会作出的决定具有民主性，避免少数人专断，应当实行绝对多数，即应获得全体村民的过半数赞成，才能作出决定。少数服从多数，按照多数人的意见作出决定后，就成为全村的集体决定，全体村民都必须遵守和执行，不仅是投赞成票的村民必须自觉遵守和执行，投反对票的少数人也要服从、遵守和执行，决不能因为自己不同意拒不服从、遵守和执行。但对少数人的意见应当尊重，只要这少数人在行动上服从、遵守和执行多数人的决定，应当允许其保留自己的不同意见，不得对其讽刺排挤，更不得对其打击报复。

98. 村干部如何做到廉洁自律?

根据《农村基层干部廉洁履行职责若干规定（试行）》（2011年）第二章中关于村党组织领导班子成员和村民委员会成员廉洁履行职责行为规范，村干部不允许有以下行为：

一是禁止在村级组织选举中拉票贿选、破坏选举。比如伪造选票、妨害村民依法行使选举权、利用黑恶势力干扰和破坏选举等。

二是禁止在村级事务决策中独断专行、以权谋私。比如违反规定处置集体资金、强迫或者阻碍农民流转土地承包经营权或者向村民乱集资、乱摊派、乱收费等。

三是禁止在村级事务管理中滥用职权、损公肥私。比如在工作中吃拿卡要、故意刁难群众或者收受、索取财物；以虚报、冒领等手段套取、骗取或者截留、私分国家对集体土地的补偿、补助费以及各项强农惠农补助资金、项目扶持资金；违反规定用集体资金、公物操办个人婚丧喜庆事宜；以办理村务为名，请客送礼、大吃大喝，挥霍浪费集体资金等。

四是禁止在村级事务监督中弄虚作假、逃避监督。比如伪造、变造、隐匿、销毁财务会计资料；阻挠、干扰村民依法行使询问质询权、罢免权等监督权利；阻挠、干扰有关机关、部门依法进行的监督检查或者案件查处等。

五是禁止妨害和扰乱社会管理秩序。比如参与、纵容、支持黑恶势力活动，组织、参与宗族宗派纷争或者聚众闹事及参与色情、赌博、吸毒、迷信、邪教等活动。

村干部违反上述规定将按照《农村基层干部廉洁履行职责若干规定（试行）》《中国共产党纪律处分条例》等有关法规处理。涉嫌犯罪的，移送司法机关依法处理。

99. 村委会常见公文写作有哪些？

1. 倡议书

倡议书是指由某一组织或社团拟定、就某事向社会提出建议或提议社会成员共同去做某事的书面文章。其特点在于就某事向特定成员进行号召呼吁，希望大家一起参与到某件事情中来，能起到宣传倡议的效果。

倡议书范文见附录一。

（1）标题。标题一般遵照我们常用的贯彻执行题目标题的写法，可以直接简写为《倡议书》；也可以把题干中提供的信息加入进来，进行扩充，《关于＋核心问题＋的倡议书》。同时，注意标题的字数不要过长，一般在16个字以内即可，以免影响格式美观。

（2）主送单位。也就是倡议的对象，向谁发出的此次倡议。这部分内容一般从题干中的表述中可以很容易确定，比如，向社区居民发出节约用水的倡议，那么主送单位就是社区居民；在单位内部开展一次绿色办公的倡议，对象就是单位的同事。

（3）正文。正文部分一般包含三部分：一是倡议的事由，二是倡议的具体内容，三是结束语。倡议的事由，也就是发出倡议的缘由、背景，可以从材料中概括主题的背景、出现的问题、造成的影响等内容，都可以提炼出来作为发文事由。倡议的具体内容一般就是做法，要解决某个问题的对策，这个地方一般从材料中梳理直接对策和间接对策即可。结束语就是在正文最后发出号召呼吁，常用的表述方式为"××，让我们共同努力，为解决××问题而共同努力"；或者依照材料中所出现的一些总结性、概括性的语句，加以调整作为结语亦可。

（4）发文单位。根据题干，由我们的身份确定。比如，你是社区居委会的一名工作人员，那么发文单位就是××社区居委会；你是派出所的一名公安干警，那么发文单位就是××派出所。

（5）发文日期。如果题干中没有特殊要求，一般都写作×年×月×日。

2. 函

函是不相隶属机关之间商洽工作、询问和答复问题，请求批准和答复审批事项时所使用的公文。函是一种平行文，不能用于上下级机关。

函的范文见附录二。

函头通常使用只标识发文机关名称而不标"文件"二字的信函式格式，写明发文机关、事由和文种，其中文种要注明是函还是复函。正文一般由函请（复）缘由、函请（复）事项和尾语三部分组成。

发函的开头简述原因和目的，复函则以引述来函的日期、文号或标题为起首语。事项部分，发函是写告知、询问、商洽或请求的内容，事项要明确具体，语气要委婉恳切，提出要求应给对方留有余地，不要强人所难，有时可写出自己的看法、打算，以供对方选择参考；复函则针对来函提出的问题明确作答，切忌模棱两可，答非所问。

结尾部分，发函一般用"盼复""即请函复""请研究函复为盼"等作结；复函多用"特此函复"等结语，也可以不写尾语。值得注意的是，公函结语一般不用"此致敬礼""祝工作顺利"等祝颂语。

3. 简报

简报是传递某方面信息的简短的内部小报，是具有汇报性、交流性和指导性特点的简短、灵活、快捷的书面形式。简报又称"动态""简讯""要情""摘报""工作通讯""情况反映""情况交流""内部参考"等。也可以说，简报就是简要的调查报告，简要的情况报告，简要的工作报告，简要的消息报道等。它具有简、精、快、新、实、活和连续性等特点。

简报范文见附录三。

一般简报分为报头、正文、报尾三部分。

（1）报头。在第一页上方，占全页三分之一左右。中间是醒目的简报名称即大字"刊头"。"刊头"下面是简报期号，可以按年度编号，也可以统一编号，可以用"第十八期"的形式，也可以用（18）的形式。期号下面左侧是主编单位的全称，如："××办公室""××会议秘书处"等，右侧是印发日期。

（2）正文。在报头下面放标题，正文中间可以另加小标题。一份简报一般刊登一份材料，也可刊登几份同类、相关或比照的材料。各份材料要分开，第一页可印上目录。会议简报一般只刊登一份材料。

（3）报尾。在末页的最下方，沉底排两条平行的水线，中间空出，注明本期发放范围——报、送、发或加发的单位名称和个人职务姓名。末一行注明本期印发份数，以备查考。也有把主编单位和印出日期放在最后的，如《国家体改委简报》。

简报正文的写作原则是，怎样能简明地把情况说清楚，就怎样写。它没有一成不变的格式，但是在长期写作中积累了一些可资借鉴的经验。

（1）要有一个醒目的标题。标题要醒目，不外两个方法：一是要有内容，使人看了就知道说的什么事，像《一所深受群众欢迎的社办敬老院》、《×山打到地下热水》，一目了然。一是要吸引人看，这就是虽不出现内容，但要引人注意。如，唤起人们重视，"一个值得注意的倾向"；或提问题，"……怎么办？"；甚至用一点形象性的题目，但以朴实无华为要。

（2）安排好正文的三部分。首先，有一段"导语式"的总括说明。或是采用概括叙述，介绍通篇主要内容；或是把结论放在前面，点明主题，然后再叙述说明。其次，把主体内容分几部分，按逻辑顺序安排层次、段落。一般有两种形式：一是纵式结构，按时间，即事物发展顺序进行叙述；一是横式结构，按空间，即事物的组成部分、有关方面进行叙述。最后。要有一个好的结尾。好的结尾要补充和深化主要内容，发人深省。如果没有内容，宁可戛然而止，不可画蛇添足。最忌讳用套话敷衍，也不要刻板化，比如，都是"事态在发展中""准备继续深入""受到群众的好评"等。

简报这三部分的变化是很多的，配合内容，交互搭配，可以变化无穷。

4. 通知

通知，是运用广泛的知照性公文。用来发布法规、规章，转发上级机关、同级机关和不相隶属机关的公文，批转下级机关的公文，要求下级机关办理某项事务等。

通知范文见附录四。

通知一般由标题、主送单位（受文对象）、正文、落款（发文单位、发文日期）四部分组成。

开头部分交代背景或发文事由，事由有目的式、原因式、问题式等，主体部分主要是通知的具体事项，结语部分可用习惯用语或自然收尾，例如以上就是关于……的通知，特此通知等。

5. 请示

请示是"适用于向上级请求指示、批准"的公文。请示属于上行文。凡是本机关无权、无力决定和解决的事项可以向上级请示，而上级则应及时回复。请示是应用写作实践中的一种常用文体。请示可分为三种。请求指示的请示、请求批准的请示、请求批转的请示。

请示范文见附录五。

请示一般由标题、主送机关、正文、落款和附注五部分组成。其各部分的格式、内容和写法要求如下：

（1）标题。请示的标题一般有两种构成形式：一种是由发文机关名称、事由和文种构成。如《××县人民政府关于××××××的请示》；另一种是由事由和文种构成，如《关于开展春节拥军优属工作的请示》。

（2）主送机关。请示的主送机关是指负责受理和答复该文件的直接的上级机关。每件请示只能写一个主送机关，不能多头请示。

（3）正文。其结构一般由开头、主体和结语三部分组成。

开头。主要交代请示的缘由。它是请示事项能否成立的前提条件，也是上级机关批复的根据。原因讲的客观、具体，理由讲的合理、充分、上级机关才好及时决断，予以针对性的批复。

主体。主要说明请求事项。它是向上级机关提出的具体请求，也是陈述缘由的目的所在。这部分内容要单一，只宜请求一件事。另外请示事项要写的具体、明确、条款清楚，以便上级机关给予明确批复。

结语。应另起段，习惯用语一般有"当否，请批示""妥否，请批复""以上请示，请予审批"或"以上请示如无不妥，请批转各地区、各部门研究执行"等。

（4）落款。一般包括署名和成文时间两项内容。标题写明发文机关的，这里可不再署名，但需加盖单位公章。

（5）附注。使用"请示"这一文种时，应出具附注。写法是，在成文时间下一行居左空两字，加圆括号注明发文机关联系人的姓名和电话号码。

请示的正文，主要由请示的原因、内容、要求三部分组成，请示时应将理由陈述充分，提出的解决方案应具体，切实可行。还应注意请示与报告的区别，切忌用报告代请示行文；请求的内容若涉及其他部门或地区时，在正常情况下应事先进行协商，必要时还可联合行文，如有关方面意见不一致，应如实在请示中反映出来；另外请求拨款的应附预算表；请求批准规章制度的，应附规章制度的内容；请示处理问题的，本单位应先明确表态；正式印发请示送上级机关时，应在文头注明签发人姓名。

6. 通告

通告是适用于在一定范围内公布应当遵守或者周知事项的周知性公文。通告的使用面比较广泛，一般机关、企事业单位甚至临时性机构都可使用，但强制性的通告必须依法发布，其限定范围不能超过发文机关的权限。通告按用途可分为周知性（事务性）通告、规定性（制约性）通告两大类。

周知性（事务性）通告。即在一定范围内公布需要周知或需要办理的事项，政府机关、社会团体、企事业单位均可使用。如建设征地公告、更换证件通告、施工公告等。

规定性（制约性）通告。用于公布应当遵守的事项，只限行政机关使用，如《关于禁止燃放烟花爆竹的通告》。

通告范文见附录六。

（1）标题的写法有四种：①"通告"。如遇特别紧急情况，可在通告前加上"紧急"二字。②"关于×××的通告"。③"×××关于×××的通告"。④"×××的通告"。

（2）原由。主要阐述发布通告的背景、根据、目的、意义等。通告常用的特定承启句式有"为……特通告如下""根据……决定……特此通告"。

（3）通告事项。通告事项是通告全文的核心部分，包括周知事项和执行要求。撰写这部分内容，首先要做到条理分明，层次清晰。如果内容较多，可采用分条列项的方法；如果内容比较单一，也可采用贯通式方法。其次要做到明确具体，需清楚说明受文对象应执行的事项，以便于理解和执行。

（4）结语。用"特此通告"或"本通告自发布之日起实施"表达。

通报、通告、通知这三个文种都有沟通情况、传达信息的作用，但又有区别。①所告知的对象不同。通报是上级机关把工作情况或带有指导性的经验教训通报下级单位或部门，无论哪种通报，受文单位只能是制发机关的所属单位或部门；通告所告知的对象是全部组织和群众，它所宣布的规定条文，具有政策性、法规性和某种权威性，要求人们遵照执行，一般都要张贴或通过电台、电视台等新闻媒体大力宣传；通知一般只通过某种公文交流渠道，传达至有关部门、单位或人员，它所告知的对象是有限的。②制发的时间不同。通报制发于事后，往往是对已经发生了的事情进行分析、评价，通报有关单位，从中吸取经验教训；通告、通知制发于事前，都有预先发出消息的意义。③目的不同。通报主要是通过典型事例或重要情况的传达，向全体下属进行宣传教育或沟通信息，以指导、推动今后的工作，没有工作的具体部署与安排；通知主要是通过具体事项的安排，要求下级机关在工作中照此执行或办理；通告公布在一定范围内必须遵守的事项，有着较强的、直接的和具体的约束力。④作用不同。通报可以用于奖惩有关单位或人员，通知、通告无此作用。

7. 报告

报告使用范围很广。按照上级部署或工作计划，每完成一项任务，一般都要向上级写报告，反映工作中的基本情况、工作中取得的经验教训、存在的问题以及今后工作设想等，以取得上级领导部门的指导。

在《中国共产党机关公文处理条例》中规定：报告，"用于向上级机关汇报工作、反映情况、提出建议，答复上级机关的询问"。

一般分为例行报告、专题报告、综合报告。

报告范文见附录七。

规范的内容包含：标题＋主送机关＋正文＋发文机关＋日期。

（1）标题：包括事由和公文名称。例如《××市政府关于治理水质污染问题的报告》。

（2）主送机关：发文单位的直接上级领导机关。

（3）正文：与一般公文相同。包括开头、主体、结尾。开头使用多的是导语式、提问式给出总概念或引起注意。主体主要是报告的具体内容，一般包含基本情况、意见等。结尾，可展望、预测，亦可省略，但结语不能没有，呈转报告的要写上"以上报告如无不妥，请批转各地参照执行。"

（4）最后写明发文机关和日期。

8. 工作计划

工作计划在实际工作中，按照内容、范围、时间的差异，有不同的文体叫法。

（1）规划。规划是计划中最宏大的一种。从时间上说，一般都要在三五年以上；从范围上说，大都是全局性工作或涉及面较广的重要工作项目；从内容和写法上说，往往是粗线条的，比较概括，如《××省经济和社会发展十年规划》。

（2）设想。设想是计划中最粗略的一种。在内容上是初步的，多是不太成熟的想法；在写法上是概括的、粗线条的勾勒。设想在严肃性、科学性和可行性方面的要求相对差一些，因为它是为正式的规划或计划作准备，不是给各级领导看的，而是交群众讨论的，不必也没时间考虑得太周密，只要基本成形就可以，且在提出任务或目标时，往往还有一些简短的论述语句。设想与规划一样，在内容和写法上都是比较原则和概括，不可能也没有必要写得太细、太具体。

（3）计划。狭义的计划是应用写作广义工作计划中最适中的一种。这个特点表现在，时间一般在一年、半年左右，范围一般都是一个单位的工作或某一大项重要工作，内容和写法要比规划具体、深入，要比设想正规、细致，要比方案简明、集中。

（4）方案。方案是计划中内容最为复杂的一种。由于一些具有某种职能的具体工作比较复杂，不作全面部署不足以说明问题，因而公文内容构成势必要繁琐一些，一般有指导思想、主要目标、工作重点、实施步骤、政策措施、具体要求等项目。

（5）安排。安排是计划中最为具体的一种格式。由于其工作比较确切、单一，不作具体安排就不能达到目的，所以其内容要写得详细一些，这样容易使人把握。方案和安排有共同之处，即写作题材都是单项的工作，即只对一项工作作出部署和安排。这也正是方案、安排与规划、设想、计划的根本不同。但二者在内容范围上也有大小之分：方案的内容范围适合于上级对下级或涉及面比较大的工作，安排的内容范围则适合于单位内部或涉及面较小的工作，如《××市关于计划生育的工作安排》。

工作计划范文见附录八。

虽然计划类的文种叫法比较多样，但是每一种的写作内容思路还是一致的。规范的内容包括：标题＋发文对象＋正文＋发文机关＋日期。

工作计划的标题包括单位名称、时间、主要内容、文种，如《＊＊市关于＊＊的工作计划》。

工作计划正文一般又分为三个部分，开头、主体和结尾。

（1）开头。工作计划开头主要相关背景内容的概述。通常会涉及的内容包括，工作计划的目的意义、相关现状背景或政策背景。开头一般不需要写太多字数，概述背景即可，比如要求写《××市关于创建卫生文明城市的工作计划》，开头部分可以介绍相关现状背景或政策背景。例："近年来，××市在城市卫生文明建设方面仍然在面临诸多问题，城市脏乱差现象仍然在较大范围内存在，为了响应国家创建卫生文明城市的号召，推进××市城市管理工作开展，特作出计划如下。"

（2）主体。即计划的核心内容，阐述"做什么"（目标、任务）、"做到什么程度"（要求）和"怎样做"（措施办法）三项内容，既要写得全面周到，又要写得有条不紊，具体明白。通常工作规划或工作方案，这两种往往是侧重上级对下级传达的文种，一般突出指导性，原则性，需要总结工作目标或原则，然后陈述详细措施；工作计划或安排，可以直接陈述具体措施办法，往往需要重点突出，详细分条书写。

（3）结尾，或突出重点，或强调有关事项，或提出简短号召，当然也可不写结尾。

9. 工作总结

当工作进行到一定阶段或告一段落时，需要回过头来对所做的工作认真地分析研究一下，肯定成绩，找出问题，归纳出经验教训，提高认识，明确方向，以便进一步做好工作，并把这些用文字表述出来，就叫做工作总结。

总结的写作过程，既是对自身社会实践活动的回顾过程，又是人们思想认识提高的过程。它还可以作为先进经验而被上级推广，为其他单位所汲取、借鉴，从而推动实际工作的顺利开展。

工作总结范文见附录九。

规范的内容包括：标题＋发文对象＋正文＋发文机关＋日期。

工作总结的标题包括单位名称、时间、主要内容、文种，如《×××财政局×××年上半年工作总结》。

工作总结正文一般又分为三个部分，开头、主体和结尾。

（1）开头。总结的开头主要用来概述基本情况。包括单位名称、工作性质、主要任务、时代背景、指导思想，以及总结目的、主要内容提示等。作为开头部分，应以简明扼要的文字写明在本总结所包括的期限内的工作根据、指导思想以及对工作成绩的评价等内容。它是工作总结的引言，便于把下面的内容引出来，只要很短的一段文字就行了。

（2）主体。这是总结的主要部分，内容包括成绩和做法、经验和教训、今后打算等方面。这部分篇幅大、内容多，要特别注意层次分明、条理清楚。

（3）结尾。结尾是正文的收束，应在总结经验教训的基础上，提出今后的方向、任务和措施，表明决心、展望前景。这段内容要与开头相照应，篇幅不应过长。

最后写明发文机关和日期。

10. 证明

证明范文见附录十。

由民政部等六部门联合印发的《关于改进和规范基层群众性自治组织出具证明工作的指导意见》（民发〔2020〕20号）（以下简称《指导意见》）中指出：社区居民委员会、村民委员会是居民群众自我管理、自我教育、自我服务的基层群众性自治组织，主要职责是依法组织居民群众开展自治活动，依法协助基层人民政府或者其派出机关开展工作，依法依规组织开展有关监督活动。根据国家有关法律法规规定，基层群众性自治组织可以依法出具有关证明。基层群众性自治组织出具证明的事项，必须是有明确法律法规依据或经国务院批准列入保留证明事项清单、属于基层群众性自治组织职责范围的事项。凡是相关部门要求基层群众性自治组织出具证明事项的，应当同时提供基层群众性自治组织出具此证明事项的有关依据。凡是涉及城乡社区公共利益或者本辖区多数居民群众切身利益的事项需出具证明时，基层群众性自治组织应当通过组织居民群众议事协商等方式，经居民群众讨论同意并经基层群众性自治组织负责人签字后方可出具。

同时，《指导意见》中列出了首批 20 项不应由基层群众性自治组织出具证明事项清单。清单如下：

不应由基层群众性自治组织出具证明事项清单（第一批）

序号	证明名称	办事途径
1	亲属关系证明	居民办事事项涉及的相关部门可通过与公安、民政、卫生健康等部门信息共享方式进行核对，或由居民据实提供居民户口簿、结婚证、《出生医学证明》等予以证明，证件材料遗失的由相关部门予以补办；曾经同户人员间的亲属关系，历史户籍档案等能够反映，需要开具证明的，公安派出所在核实后应当出具（不动产登记情况、公证办理情况除外）
2	居民身份信息证明（户籍证明）	居民办事事项涉及的相关部门可通过与公安部门信息共享方式进行核对，或由居民据实提供居民户口簿、居民身份证、出入境证件等予以证明，证件材料遗失的由相关部门予以补办
3	户口登记项目内容变更申请证明	居民直接向公安部门申请办理姓名、性别、民族成分、出生日期、公民身份号码等 5 项户口登记项目内容变更，无须基层群众性自治组织提供前置证明材料
4	居民养犬证明	养犬居民应当自行征求利害关系人的同意，并提供相关证明材料；公安等有关部门应当按法律规定自主进行调查核实
5	无犯罪记录证明	根据相关规定，国家正在逐步健全完善犯罪记录制度，人民法院负责依照规定向公安机关送达生效的刑事裁判文书，公安部门、国家安全部门和司法行政部门分别负责受理、审核和处理有关犯罪记录的查询申请
6	社区戒毒、社区康复人员情况证明（表现证明）	由街道（乡镇）社区戒毒、社区康复机构出具

（续）

序号	证明名称	办事途径
7	人员失踪证明	利害关系人直接向基层人民法院提出申请，由基层人民法院依法定程序宣告人员失踪
8	婚姻状况证明（婚姻关系证明、分居证明）	居民办事事项涉及的相关部门可通过与民政部门、人民法院信息共享方式进行核对；或由居民据实提供结婚证、离婚证、人民法院生效裁判文书或离婚证明书、配偶死亡证明等予以证明，证件材料遗失的由相关部门予以补办（婚姻登记档案丢失、收养情况除外）
9	出生证明	居民应当据实提供《出生医学证明》、居民户口簿、居民身份证、出入境证件等予以证明，证件材料遗失应当及时通过相关部门补办
10	健在证明	居民办事事项涉及的相关部门通过与卫生健康部门信息共享的方式进行核对
11	死亡证明	居民办事事项涉及的相关部门通过与卫生健康部门、公安部门、人民法院信息共享的方式进行核对；负责救治或正常死亡调查的医疗卫生机构出具《居民死亡医学证明（推断）书》，未经救治的非正常死亡证明由公安部门出具，失踪人员由人民法院依法定程序宣告死亡
12	疾病状况证明（急诊证明、意外伤害证明）	疾病状况证明（急诊证明）由具备医学鉴定资质的医疗卫生机构出具；意外伤害证明由当事人向人力资源社会保障部门、保险公司提供就医记录等材料
13	残疾状况证明	由户籍所在地县级卫生行政机构和残联指定的具备评残资格的医疗卫生机构出具相关证明
14	婚育状况证明（生育状况证明）	居民办事事项涉及的相关部门通过与卫生健康部门信息共享的方式进行核对；居民提供《出生医学证明》、居民户口簿等予以证明，证件材料遗失应当及时通过相关部门补办（收养情况除外）
15	居民就业状况证明	居民实际持有能证明失业身份的，如终止解除劳动关系证明、个体工商户（私营企业主）停业证明等，由居民自行提供；登记失业人员、就业困难人员由公共就业服务机构在其申领的《就业创业证》上予以证明

（续）

序号	证明名称	办事途径
16	居民个人档案证明	居民办事事项涉及的相关部门通过居民个人档案保管单位信息共享的方式进行核对；居民应当提供真实、合法、充分的有关证明材料（国家另有规定的除外）
17	居民财产证明（经济状况证明、收入证明、偿还能力证明、房产证明、投资情况证明、车辆所有权证明）	居民办事事项涉及的相关部门按照法定程序与权限，通过与财政、税务、人力资源与社会保障、房地产管理、自然资源、银保监、证监、市场监管、公安等部门信息共享或个案查询的方式进行核对；居民应当据实提供不动产权属证书、银行存款凭证、有价证券、保险合同、车辆行驶证等予以证明，证件材料遗失应当及时通过相关部门补办（法律援助情况除外）
18	遗产继承权证明	居民办事事项涉及的相关部门通过与民政、卫生健康等部门信息共享的方式进行核对；居民应当据实提供结婚证、离婚证、居民户口簿、《出生医学证明》等予以证明，证件材料遗失应当及时通过相关部门补办；继承人应当本着互谅互让、和谐团结的精神，协商处理继承问题，遗产分割的时间、办法和份额，由继承人协商确定，协商不成的，可以由人民调解委员会调解或者向人民法院提起诉讼
19	市场主体住所证明（经营场所证明、同意住宅改变为经营性用房证明、社区经营性用房无扰民证明）	申请人应当提供经营场所的不动产权属证明文件、有效租赁合同等；住宅改变为经营性用房的，申请人应当自行征求利害关系人的同意，并提供相关证明材料
20	证件遗失证明	居民遗失居民身份证、居民户口簿、出入境证件、结婚证、离婚证、老年人优待证、残疾人证、残疾军人证、车辆行驶证、《出生医学证明》、《居民死亡医学证明（推断）书》、学历学位证书等证件、证明材料，以及银行卡、存折、保险合同、邮政汇款单、邮政包裹单、电卡、天然气卡等商业凭证，应当向业务归口管理部门或经办单位申请补发，无须基层群众性自治组织提供前置证明材料

• 知识窗 15:

"枫桥经验"如何成为基层治理"金字招牌"？五大秘诀是关键！

2018 年是毛泽东同志批示学习推广"枫桥经验"55 周年，是习近平总书记指示坚持发展"枫桥经验"15 周年。2018 年 12 日，中央政法委与中共浙江省委在浙江绍兴市联合召开纪念大会。大会对坚持发展新时代"枫桥经验"，加快推进基层社会治理现代化，努力建设更高水平的平安中国作出全面部署。

回顾 55 年特别是 15 年来发展历程，"枫桥经验"形成于社会主义建设时期，发展于改革开放新时期，创新于中国特色社会主义新时代，经历了从社会管制到社会管理再到社会治理的两次历史性飞跃。实践充分证明，"枫桥经验"是党领导人民创造的一整套行之有效的社会治理方案，是新时代政法综治战线必须坚持、发扬的"金字招牌"。

那么，如何让"枫桥经验"这一基层治理的"金字招牌"越擦越亮并且经久不衰、历久弥新？这次大会给出了明确"答案"。

秘诀之一：党组织要成为基层社会治理的"领头雁"

55 年来，"枫桥经验"之所以充满生机和活力，最根本的就在于把党的领导落实到基层；党建引领，是新时代"枫桥经验"的政治灵魂。特别是党的十八大以来，各地积极探索社会治理新思路新举措，推动"枫桥经验"从地方精致的"盆景"上升为全国精彩的"风景"，让党组织的服务管理触角延伸到社会治理各个末梢，确保了基层社会治理的正确方向。

黑龙江、福建、新疆等地探索"基层党建＋"工作模式，把党组织设在一线办案团队、便民警务站点等做法，创新政法机关基层党组织设置方式和工作机制，推动党组织拓展到每个政法综治工作单元。

有效整合政府力量资源，形成平安联创的格局是"枫桥经验"很重要的一个方面。浙江等地组建乡镇（街道）综治工作、市场监管、综合执法、便民服务平台；江西等地厘清上级职能部门与乡镇（街道）之间权责、属地化管理与部门履职之间边界，完善基层社会治理"条块协同"新机制。

新时代"枫桥经验"的一个突出亮点，就是以开放性架构吸纳各方力量参与社会治理，形成分工负责、良性互动的治理模式，实现优势互补、无缝协作。

贵州省制定了完善政府购买服务指导目录、承接社区服务的社会组织指导目录，规范政府购买服务机制、流程和绩效评估办法，把非基本公共服务更多地交给市场。

秘诀之二：最大限度赢得民心、汇集民力、尊重民意

"诸暨在全省率先推出'一证通办'改革举措，一张身份证就可以办理一生80％的民生事项。"诸暨市委书记徐良平告诉记者。

"枫桥经验"一路走来，为了人民、依靠人民是其永恒的生命线，也是其创新发展的基本点。

"现在是互联网时代，人与人之间的沟通联系越来越便捷，但面对面、心贴心地做群众工作的优良传统不能丢，决

不能有了视频却离群众的距离越来越远，有了网络却与群众的感情越来越淡。"

四川省1201个派出所进驻了专兼职人民调解员2230人，调解纠纷4.64万余件、成功率94.7%。在重大项目建设中，成立由征地拆迁部门、律师、调解员等多方力量参与的项目调解室，主动排查化解项目纠纷。

会议要求，要紧密结合扫黑除恶专项斗争，深入推进对黄赌毒、盗抢骗、食药环保等影响群众安全感的违法行为打击专项整治行动，更快破大案、更多破小案、更准办好案、更好控发案，切实保护人民群众人身权、财产权、人格权。

基层社会治理的成效怎么样，人民群众最有发言权、评判权。会议强调，要加大群众意见在绩效考评中的权重，努力使考核导向、评价标准与群众的意愿相符合，真正把评判的"表决器"交到群众手中。

秘诀之三：把基层治理的权力真正交给人民群众

自治、法治、德治"三治融合"源于基层实践，是"枫桥经验"创新发展的重大成果，也是新时代"枫桥经验"的精髓所在。

自治必须依法，权力必须接受监督。

2004年6月18日，诸暨市武义县后陈村全体村民选举产生了中国历史上第一个基层村务监督委员会。到2018年，后陈村村务监督委员会已监督了5届村组织，涉及村建设投资数千万元，创造了村干部"零违纪"、村民"零上访"、工程项目"零投诉"、不合规支出"零入账"的"四零"纪录。

会议指出，要坚持以自治为基础、法治为保障、德治为先导，优化基层社会治理体系，提高社会治理社会化、法治化、智能化、专业化水平。

针对一些地方村委会行政化色彩较浓问题，四川省建立了自治清单，明确政府管理权和居民自治权的边界，把不必要的行政事务剥离出去，把不能缺的群众自治内容纳入进来，使其回归本源。

此外，要完善社会、学校、家庭"三位一体"的德育网络，加强社会公德、职业道德、家庭美德、个人品德建设，引导城乡群众崇德向善、见贤思齐，让全社会正气充盈。

山西、云南等地健全社会心理服务体系和疏导机制、危机干预机制，推进专业心理服务队伍和机构建设，最大限度消解社会戾气，塑造积极向上的社会心态。

秘诀之四：把各类风险防范在源头、化解在基层、消灭在萌芽状态

会议要求，把社会治理的着眼点放到前置防线、前瞻治理、前端控制、前期处置上来，提高预测预警预防能力，最大限度把各类风险防范在源头、化解在基层、消灭在萌芽状态。

江苏、安徽、宁夏等地建设覆盖城乡的行业性、专业性调解组织，完善调解、仲裁、行政裁决、行政复议、诉讼等有机衔接、相互协调的多元化纠纷解决体系，推动矛盾纠纷及时、高效化解，尽可能避免矛盾纠纷进入法庭、对簿公堂。

风险监测预警机制是社会稳定的报警器。要紧盯重点物品、行业、领域，加大监管力度。海南推动将视频数据信息与人工智能技术深度融合，提高视频图像智能化应用水平，确保全域覆盖、全网共享、全时可用、全程可控。

北京市公安局搭建合成作战平台，通过区域异常状态、团伙联系、人员位置等监测分析，防范打击了多起违法犯罪活动。

秘诀之五：进一步建设好基层政法综治单位

会议强调，要从基层最小单元、最小细胞抓起，进一步建设好综治中心、公安派出所、社区警务站、司法所、人民法庭等基层政法综治单位，充分发挥其贴近群众的天然优势，筑牢社会和谐稳定的根基。

安徽省成立有专门机构编制的市县乡三级综治中心112个，一些地方还通过政府购买服务等办法聘用社会工作者、支持社会组织或志愿者从事相关工作，使基层的力量由"五个指头"握成"一个拳头"，更好地发挥了综治中心"基层指挥部"和"集中力量办大事"的作用。

陕西省建立网格化综合管理责任清单，打造一岗多责、一专多能的专兼职网格管理员队伍，加强对人、地、事、物、组织等社会治理要素的精细化管理，推动基层社会治理触角向每个角落延伸，实现大事全网联动、小事一格解决。

会议最后强调，"枫桥经验"正是在这些政法综治工作实践中产生并不断创新发展的中国治理智慧，我们要把坚持创新发展"枫桥经验"和做好当前政法综治工作紧密结合起来，破除政法队伍建设中的痛点堵点，让坚持创新发展"枫桥经验"成为推进政法综治工作改革创新的强大动力。

三、法律政策篇

100. 什么是财产所有权？

指所有权人对自己的不动产或者动产，依法享有占有、使用、收益和处分的权利。

101. 合同订立的形式和方式有哪些？

当事人订立合同，可以采用书面形式、口头形式或者其他形式。

书面形式是合同书、信件、电报、电传、传真等可以有形地表现所载内容的形式。以电子数据交换、电子邮件等方式能够有形地表现所载内容，并可以随时调取查用的数据电文，视为书面形式。

当事人订立合同，可以采取要约、承诺方式或者其他方式。

102. 适用于农村的婚姻法规定有哪些？

（1）我国实行婚姻自由、一夫一妻、男女平等的婚姻制度。

（2）禁止的婚姻家庭行为有：禁止包办、买卖婚姻和其他干涉婚姻自由的行为。禁止借婚姻索取财务；禁止重婚。禁止有配偶者与他人同居；禁止家庭暴力。禁止家庭成员间的虐待和遗弃。

（3）我国的法定结婚年龄为：男不得早于二十二岁，女不得早于二十岁。

（4）禁止结婚的情形为：直系血亲或者三代以内的旁系血亲禁止结婚。

（5）婚姻无效的情形有：重婚；有禁止结婚的亲属关系；未到法定婚龄。

103. 被收养人和收养人的条件有哪些？

被收养人的条件：①丧失父母的孤儿，②查找不到生父母的未成年人；③生父母有特殊困难无力抚养的子女。

收养人应当同时具备的条件：①无子女或者只有一名子女；②有抚养、教育和保护被收养人的能力；③未患有在医学上认为不应当收养子女的疾病；④无不利于被收养人健康成长的违法犯罪纪录；⑤年满三十周岁。

104. 遗产继承的方式和法定继承人的继承顺序是什么？

继承开始后，按照法定继承办理；有遗嘱的，按照遗嘱继承或者遗赠办理；有遗赠扶养协议的，按照协议办理。

遗产按照以下顺序继承：

（1）第一顺序：配偶、子女、父母；

（2）第二顺序：兄弟姐妹、祖父母、外祖父母；

继承开始后，由第一顺序继承人继承，第二顺序继承人不继承；没有第一顺序继承人继承的，由第二顺序继承人继承。

所谓子女：包括婚生子女、非婚生子女、养子女和有扶养关系的子女。

所谓父母：包括生父母、养父母和有扶养关系的继父母。

所谓兄弟姐妹：包括同父母的兄弟姐妹、同父异母或者同母异父的兄弟姐妹、养兄弟姐妹、有扶养关系的继兄弟姐妹。

105. 什么叫代位继承？

被继承人的子女先于被继承人死亡的，由被继承人的子女的直系晚辈血亲代位继承。

被继承人的兄弟姐妹先于被继承人死亡的，由被继承人的兄弟姐妹的子女代位继承。

代位继承人一般只能继承被代位继承人有权继承的遗产份额。

106. 什么是人格权？

人格权是民事主体享有的生命权、身体权、健康权、姓名权、名称权、肖像权、名誉权、荣誉权、隐私权等权利。

除此之外，公民（自然人）享有基于人身自由、人格尊严产生的其他人格权益。

107. 什么是隐私权及隐私？

公民（自然人）享有隐私权。任何组织或者个人不得以刺探、侵扰、泄露、公开等方式侵害他人的隐私权。

隐私是自然人的私人生活安宁和不愿为他人知晓的私密空间、私密活动、私密信息。

108. 侵害隐私权的行为有哪些?

除法律另有规定或者权利人明确同意外,任何组织或者个人不得实施下列行为:

(1) 以电话、短信、即时通讯工具、电子邮件、传单等方式侵扰他人的私人生活安宁;

(2) 进入、拍摄、窥视他人的住宅、宾馆房间等私密空间;

(3) 拍摄、窥视、窃听、公开他人的私密活动;

(4) 拍摄、窥视他人身体的私密部位;

(5) 处理他人的私密信息;

(6) 以其他方式侵害他人的隐私权。

109. 土地权属包括哪些?

土地权属包括土地的所有权、使用权和他项权利。土地所有权是土地所有制的法律表现。我国实行的是土地社会主义公有制,即全民所有制和劳动群众集体所有制。全民所有的土地所有权属于国家,由国务院代表国家行使;集体土地的所有权属于农民集体。土地使用权是指依法取得土地上的实际经营权和利用权,根据我国法律,国有土地和集体土地可依法确定给单位和个人使用。他项权利是指非土地所有者或使用者在他人土地上享有的一定权利。土地的所有权、使用权和他项权利必须依照法定程序办理土地登记手续，由县级以上人民政府登记造册，核发证书才能得到确认。经登记的土地权属受法律保护，任何单位或个人不得侵犯。

110. 国家和集体所有土地的范围分别有哪些？

城市的土地，属于国家所有。法律规定属于国家所有的农村和城市郊区的土地，属于国家所有。

农村和城市郊区的土地，除由法律规定属于国家所有的以外，属于农民集体所有；宅基地和自留地、自留山，属于农民集体所有。

111. 集体所有的不动产和动产包括哪些？

集体所有的不动产和动产包括：①法律规定属于集体所有的土地和森林、山岭、草原、荒地、滩涂；②集体所有的建筑物、生产设施、农田水利设施；③集体所有的教育、科学、文化、卫生、体育等设施；④集体所有的其他不动产和动产。

112. 什么是土地使用权？

土地使用权是从所有权中派生出来的一项相对独立的土地产权，它不同于一般土地所有权中的使用权能。土地使用权的权利主体是除土地所有者以外的其他公民、法人或其他组织。土地使用权的客体既可以是国有土地，也可以是集体所有土地。土地使用权的内容是土地使用权人对国有土地和集体所有土地享有的占有、使用、收益权和一定的处分权。

113. 集体所有的土地经营管理有什么规定?

农民集体所有的土地依法属于村农民集体所有的,由村集体经济组织或者村民委员会经营管理;已经分别属于村内两个以上农村集体经济组织的农民集体所有的,由村内各该农村集体经济组织或者村民小组经营管理;已经属于乡(镇)农民集体所有的,由乡(镇)农村集体经济组织经营、管理。

114. 违反土地管理的行为一般有哪些?

(1)买卖或者以其他形式非法转让土地的行为;

(2)占用耕地建窑、建坟,擅自在耕地上建房、挖沙、采石、采矿、取土等破坏种植条件,或者因开发土地造成土地荒漠化、盐渍化的行为;

(3)拒不履行土地复垦义务的行为;

(4)未经批准或采取欺骗手段骗取批准,或者超过批准数量非法占用土地的行为;

(5)农村村民未经批准或采取欺骗手段骗取批准,或者超过批准数量非法占用土地的行为;

(6)非法批准征用、占用土地的行为;

(7)依法收回国有土地使用权当事人拒不交出土地的,临时使用土地期满拒不归还的,或者没被批准使用国有土地的行为;

(8)擅自将农民集体所有的土地使用权出让、转让或者出租用于非农业建设的行为。

115. 违法转让土地使用权的行为有哪些?

违法转让以划拨方式取得的国有土地使用权，主要是指未经批准转让划拨土地使用权。

违法转让以出让方式取得的国有土地使用权，主要是不符合《城市房地产管理法》第三十九条规定的付清全部土地使用权出让金并取得土地使用权证书、未达到一定的投资开发程度等条件，违法转让出让国有土地使用权。

违法转让农民集体所有土地的使用权，主要是非因破产、兼并的原因让农民集体所有土地使用权用于非农业建设的。

买卖或者以其他形式违法转让土地，主要是指除上述三种类型之外的单位或者个人违法转让土地。

116. 土地承包经营权的内容有哪些?

土地承包经营权人依法对其承包经营的耕地、林地、草地等享有占有、使用和收益的权利，有权从事种植业、林业、畜牧业等农业生产。

117. 耕地、草地、林地的承包期各是多少年？

根据《中华人民共和国农村土地承包法》第二十一条规定：耕地的承包期为三十年。草地的承包期为三十年至五十年。林地的承包期为三十年至七十年。

118. 土地政策有哪些新规定？

（1）完善土地征收制度，缩小土地征收范围，探索制定征收目录，严格界定公共利益用地范围，完善对被征地农民合理、规范、多元保障机制。

（2）建立农村集体经营性建设用地入市制度，赋予农村集体经营性建设用地出让、租赁、入股权能，明确入市范围途径。

（3）改革完善农村宅基地制度，探索进城落户农民自愿有偿退出或转让宅基地，改革宅基地审批制度。

119. 农户土地承包经营权的流转方式有哪些？

土地承包经营权人依照法律规定，有权将土地承包经营权互换、转让。未经登记，不得对抗善意第三人。土地承包经营权人可以自主决定依法采取出租、入股或者其他方式向他人流转土地经营权。

120. 什么是土地撂荒？农村土地撂荒多少年归公？

　　土地撂荒指的是土地不继续耕种，任其荒芜。

　　根据《中华人民共和国土地管理法》第三十八条规定：禁止任何单位和个人闲置、荒芜耕地。已经办理审批手续的非农业建设占用耕地，一年内不用而又可以耕种并收获的，应当由原耕种该幅耕地的集体或者个人恢复耕种，也可以由用地单位组织耕种；一年以上未动工建设的，应当按照省、自治区、直辖市的规定缴纳闲置费；连续两年未使用的，经原批准机关批准，由县级以上人民政府无偿收回用地单位的土地使用权；该幅土地原为农民集体所有的，应当交由原农村集体经济组织恢复耕种。

　　在城市规划区范围内，以出让方式取得土地使用权进行房地产开发的闲置土地，依照《中华人民共和国城市房地产管理法》的有关规定办理。

121. 土地经营权流转后土地撂荒，发包方可以收回吗？

　　《中华人民共和国农村土地承包法》第六十四条规定：土地经营权人擅自改变土地的农业用途、弃耕抛荒连续两年以上、给土地造成严重损害或者严重破坏土地生态环境，承包方在合理期限内不解除土地经营权流转合同的，发包方有权要求终止土地经营权流转合同。土地经营权人对土地和土地生态环境造成的损害应当予以赔偿。

122. 占用耕地补偿制度包含哪些内容?

占用耕地补偿制度是指非农业建设项目经批准占用耕地的,要按"占多少、补多少"的原则,由占用耕地的单位负责开垦与所占用耕地数量和质量相当的耕地;没有条件开垦或开垦的耕地不符合要求的,应当按照省、自治区、直辖市的规定缴纳耕地开垦费,专款用于开垦新的耕地。

123. 征地补偿费包括哪些?

征用耕地补偿费是指国家建设征用土地时,按照被征用土地的原用途给予被征地单位补偿各项费用,包括土地补偿费、安置补助费及地上附着物和青苗补偿费。

124. 村民委员会有权征收土地吗?

村委会无权征收土地。但根据《中华人民共和国土地管理法》第六十六条规定,如有下列情形之一的,农村集体经济组织报经原批准用地的人民政府批准,可以收回土地使用权:

(1)为乡(镇)村公共设施和公益事业建设,需要使用土地的;

(2)不按照批准的用途使用土地的;

(3)因撤销、迁移等原因而停止使用土地的。

依照前款第(1)项规定收回农民集体所有的土地的,对土地使用权人应当给予适当补偿。

收回集体经营性建设用地使用权，依照双方签订的书面合同办理，法律、行政法规另有规定的除外。

125. 村民委员会有权发包土地吗？

村民委员会可以依法对集体土地进行发包。《中华人民共和国土地管理法》第十一条规定：农民集体所有的土地依法属于村农民集体所有的，由村集体经济组织或者村民委员会经营、管理；已经分别属于村内两个以上农村集体经济组织的农民集体所有的，由村内各该农村集体经济组织或者村民小组经营、管理；已经属于乡（镇）农民集体所有的，由乡（镇）农村集体经济组织经营、管理。

值得注意的是：将农村土地发包给本集体经济组织以外的单位或者个人承包，应当事先经本集体经济组织成员的村民会议三分之二以上成员或者三分之二以上村民代表的同意，并报乡（镇）人民政府批准。由本集体经济组织以外的单位或者个人承包的，应当对承包方的资信情况和经营能力进行审查后，再签订承包合同。

- 知识窗 16：

什么是宅基地

宅基地是指农村村民合法使用或依法批准，用于建造住宅及其附属设施的集体建设用地（包括住房、附属用房和庭院等用地）。农村村民一户只能拥有一处宅基地，面积不得超过本省、自治区、直辖市规定的标准。

126. 宅基地使用权的内容是什么？

宅基地使用权人依法对集体所有的土地享有占有和使用的权利，有权依法利用该土地建造住宅及其附属设施。宅基地因自然灾害等原因灭失的，宅基地使用权消灭。对失去宅基地的村民，应当依法重新分配宅基地。

127. 什么叫一户多宅？农村"一户多宅"怎样处理？

一户多宅是指农村一户居民拥有多处住宅。造成"一户多宅"的原因有多种，具体的处理方式为：

（1）合法确权。符合当地分户建房条件未分户，但未经批准另行建房分开居住的，其新建房屋占用的宅基地符合相关规划，经本村农民集体经济组织同意并公告无异议或异议不成立的，可按规定补办有关用地手续后，依法予以确权登记；未分开居住的，其实际使用的宅基地没有超过分户后建房用地合计面积标准的，依法按照实际使用面积予以确权登记；由于继承房屋占用宅基地，形成"一户多宅"的，可以按规定确权登记，并在不动产登记簿和证书附记栏进行注记。

（2）有偿退出。这是指农民进城后的空闲宅基地或是合法得来的"一户多宅"，在自愿有偿的前提下退回村集体。有偿退出经过多年试点，当前在很多地区已经开始实行。

（3）强制拆除。这是指一些未经批准私自建设的"一户多宅"房屋，不符合乡村建设规划、建设前未取得规划许可的房屋，按照城乡规划法的相关规定，必须予以拆除。如果房屋建设占用耕地，又违反了土地管理法，对耕地造成破坏，拆除之后还要对耕地进行复耕。

（4）本村流转。农村宅基地虽然不能买卖，但可以在同一集体经济组织成员之间进行转让，条件是宅基地转让方不能再次申请宅基地，受让方必须符合"一户一宅"条件。

128. 农村宅基地使用权可由城镇户籍子女继承吗？

农民的宅基地使用权可以依法由城镇户籍的子女继承并办理不动产登记。根据《中华人民共和国继承法》规定，被继承人的房屋作为其遗产由继承人继承，按照房地一体原则，继承人继承取得房屋房屋所有权和宅基地使用权，农村宅基地不能被单独继承。《不动产登记操作规范（试行）》明确规定，非本农村集体经济组织成员（含城镇居民），因继承房屋占用宅基地的，可按相关规定办理确权登记，在不动产登记簿及证书附记栏注记"该权利人为本农民集体经济组织原成员住宅的合法继承人"。

129. 农村税费改革政策的主要内容有哪些?

其主要内容可以概括为:"三取消、两调整、一改革"。"三取消",是指取消乡统筹和农村教育集资等专门向农民征收的行政事业性收费和政府性基金、集资;取消屠宰税;取消统一规定的劳动积累工和义务工。"两调整",是指调整现行农业税政策和调整农业特产税政策。"一改革",是指改革现行村提留征收使用办法。

130. 农村电子商务服务包含哪些内容?

农村电子商务服务包含网上农贸市场、数字农家乐、特色旅游、特色经济和招商引资等内容。

131. 什么是 "村村通"?

"村村通"工程是国家新农村建设的重要举措，它是一个系统工程，其包含有：公路、电力、生活和饮用水、电话网、有线电视网、互联网等。

• 知识窗 17：

"三 提 五 统"

三提五统是指村级三项提留和五项乡统筹。

"三提"，是指农户上交给村级行政单位的三种提留费用，包括公积金、公益金和管理费。主要用于村一级维持或扩大再生产、兴办公益事业和日常管理开支费用。

"五统"是指农民上交给乡镇一级政府的五项统筹。包括教育费附加、计划生育费、民兵训练费、乡村道路建设费和优抚费。

2006 年农业税取消后，三提五统一并取消。

132. 对农村个体工商户和私营企业的支持政策有哪些?

非公有制经济是我国农村市场经济中的重要力量，是活跃农村经济，增加农民收入的重要手段。国家提出要大力发展农村个体私营等非公有制经济。具体政策包括：①法律法规未禁入的基础设施、公用事业及其他行业和领域，农村个体工商户和私营企业都可以进入；②在税收、投融资、资源使用、人才政策等方面，对农村个体工商户和私营企业给予支持；③对合法经营的农村流动性小商小贩，除国家另有规定外，免于工商登记和收取有关税费。

133. 如何加强农村人才培养?

2018年《中共中央 国务院关于实施乡村振兴战略的意见》中列出五大举措强化乡村振兴人才支撑。

（1）大力培育新型职业农民。全面建立职业农民制度，完善配套政策体系。实施新型职业农民培育工程。支持新型职业农民通过弹性学制参加中高等农业职业教育。创新培训机制，支持农民专业合作社、专业技术协会、龙头企业等主体承担培训。引导符合条件的新型职业农民参加城镇职工养老、医疗等社会保障制度。鼓励各地开展职业农民职称评定试点。

（2）加强农村专业人才队伍建设。建立县域专业人才统筹使用制度，提高农村专业人才服务保障能力。推动人才管理职能部门简政放权，保障和落实基层用人主体自主权。推行乡村教师"县管校聘"。实施好边远贫困地区、边疆民族地区和革命老区人才支持计划，继续实施"三支一扶"、特岗教师计划等，组织实施高校毕业生基层成长计划。支持地方高等学校、职业院校综合利用教育培训资源，灵活设置专业（方向），创新人才培养模式，为乡村振兴培养专业化人才。扶持培养一批农业职业经理人、经纪人、乡村工匠、文化能人、非遗传承人等。

（3）发挥科技人才支撑作用。全面建立高等院校、科研院所等事业单位专业技术人员到乡村和企业挂职、兼职和离岗创新创业制度，保障其在职称评定、工资福利、社会保障等方面的权益。深入实施农业科研杰出人才计划和杰出青年农业科学家项目。健全种业等领域科研人员以知识产权明晰为基础、以知识价值为导向的分配政策。探索公益性和经营性农技推广融合发展机制，允许农技人员通过提供增值服务合理取酬。全面实施农技推广服务特聘计划。

（4）鼓励社会各界投身乡村建设。建立有效激励机制，以乡情乡愁为纽带，吸引支持企业家、党政干部、专家学者、医生教师、规划师、建筑师、律师、技能人才等，通过下乡担任志愿者、投资兴业、包村包项目、行医办学、捐资捐物、法律服务等方式服务乡村振兴事业。研究制定管理办法，允许符合要求的公职人员回乡任职。吸引更多人才投身现代农业，培养造就新农民。加快制定鼓励引导工商资本参与乡村振兴的指导意见，落实和完善融资贷款、配套设施建设补助、税费减免、用地等扶持政策，明确政策边界，保护好农民利益。发挥工会、共青团、妇联、科协、残联等群团组织的优势和力量，发挥各民主党派、工商联、无党派人士等积极作用，支持农村产业发展、生态环境保护、乡风文明建设、农村弱势群体关爱等。实施乡村振兴"巾帼行动"。加强对下乡组织和人员的管理服务，使之成为乡村振兴的建设性力量。

（5）创新乡村人才培育引进使用机制。建立自主培养与人才引进相结合，学历教育、技能培训、实践锻炼等多种方式并举的人力资源开发机制。建立城乡、区域、校地之间人才培养合作与交流机制。全面建立城市医生教师、科技文化人员等定期服务乡村机制。研究制定鼓励城市专业人才参与乡村振兴的政策。

134. 发展畜禽养殖场、养殖小区的土地是如何管理的？

《中华人民共和国畜牧法》第三十七条规定：国家支持农村集体经济组织、农民和畜牧业合作经济组织建立畜禽养殖场、养殖小区，发展规模化、标准化养殖。乡（镇）土地利用总体规划应当根据本地实际情况安排畜禽养殖用地。农村集体经济组织、农民、畜牧业合作经济组织按照乡（镇）土地利用总体规划建立的畜禽养殖场、养殖小区用地按农业用地管理。畜禽养殖场、养殖小区用地使用权期限届满，需要恢复为原用途的，由畜禽养殖场、养殖小区土地使用权人负责恢复。在畜禽养殖场、养殖小区用地范围内需要兴建永久性建（构）筑物，涉及农用地转用的，依照《中华人民共和国土地管理法》的规定办理。

• **知识窗 18：**

楼 房 养 猪

楼房养猪是我国首创的一种设施养殖模式，利用多层建筑进行猪只饲养。楼房养猪能够实现分娩、保育、育肥等过程集中于同一栋楼房，减少不必要的中转过程，饲养密度高也有利于粪便的收集与处理，同时相较于传统平房式猪舍，采用楼房养猪可以节约大量土地资源，符合节约型农业的要求，楼房养猪有利于高度自动机械化的实现，可以大幅降低饲养人工成本。

135. 国家支持发展农民专业合作组织的政策有哪些？

《中华人民共和国农民专业合作社法》（2017年修订）第六十四至六十八条扶持措施中明确：

国家支持发展农业和农村经济的建设项目，可以委托和安排有条件的农民专业合作社实施。

中央和地方财政应当分别安排资金，支持农民专业合作社开展信息、培训、农产品标准与认证、农业生产基础设施建设、市场营销和技术推广等服务。国家对革命老区、民族地区、边疆地区和贫困地区的农民专业合作社给予优先扶助。县级以上人民政府有关部门应当依法加强对财政补助资金使用情况的监督。

国家政策性金融机构应当采取多种形式，为农民专业合作社提供多渠道的资金支持。具体支持政策由国务院规定。国家鼓励商业性金融机构采取多种形式，为农民专业合作社及其成员提供金融服务。国家鼓励保险机构为农民专业合作社提供多种形式的农业保险服务。鼓励农民专业合作社依法开展互助保险。

农民专业合作社享受国家规定的对农业生产、加工、流通、服务和其他涉农经济活动相应的税收优惠；农民专业合作社从事农产品初加工用电执行农业生产用电价格，农民专业合作社生产性配套辅助设施用地按农用地管理，

具体办法由国务院有关部门规定。

136. 农民贷款途径有哪些?

（1）小额贷款。农民可以根据自己的信用申请小额贷款，主要用于围绕农业用途。可先到农村信用社申请，农村信用社接到申请后，会对申请人评级，申请人领到贷款证，再带上身份证，到农村信用社办理。个人小额度贷款的额度一般在 5～10 万元。

（2）农村房屋抵押贷款。这项政策目前还是试点阶段。在试点的地区，农村的房屋与城市的房屋没有任何区别，可以用作抵押期限为一年、抵押率为 50％～70％的贷款作抵押，告别了过去农村的房屋和宅基地不能当做抵押向银行贷款的时代。

（3）土地承包经营权抵押贷款。此项政策目前也属于试点阶段。在试点地区，符合条件的承包方农户或农业经营主体可以将承包土地的经营权作抵押，从银行贷出一定比例的资金。

137. 新型农村社会养老保险有哪些新政策?

参加新型农村社会养老保险范围是年满 16 周岁（不含在校学生）、未参加城镇职工基本养老保险的农村居民。新型农村社会养老保险制度采取社会统筹与个人账户相结合的基本模式和个人缴费、集体补助、政府补贴相结合的筹资方式。满60 周岁以上的农村居民个人不再缴费，直接享受中央财政补助的基础养老金，但其符合参保条件的子女应当参保缴费。也就是说，只有年满 60 周岁的农村老年人，并且其符合条件的子女参保缴费，才可享受政府发放的基础养老金，这既是政府组织引导下的农民自愿参加，又是"待遇享受"的必要条件。

138. 参加农村养老保险需要交多少钱？

根据《国务院关于开展新型农村社会养老保险试点的指导意见》，在个人缴费上，参加新型农村社会养老保险的人员应当按规定缴纳养老保险费。新型农村社会养老保险的缴费标准设5个档次，省（区、市）人民政府可以根据实际情况增设缴费档次，最高缴费档次标准原则上不超过当地灵活就业人员参加职工基本养老保险的年缴费额。人力资源和社会保障部会同财政部依据城乡居民收入增长等情况适时调整缴费档次标准。参保人自主选择档次缴费，多缴多得。

四、典型案例分析

案例一： 山西省平顺县西沟村

人民代表申纪兰：
不忘初心，把根永远扎在农村大地上

2020 年 6 月 28 日，全国人大代表申纪兰逝世，享年 91 岁。申纪兰是山西平顺人，第一届到第十三届全国人大代表，中国人民代表大会制度的见证者。她是"男女同工同酬"的推动者，也是全国劳模，"改革先锋"、"共和国勋章"获得者。

一身深蓝色粗布衣服、一头刚盖住耳朵的短发，在 1975 年剪掉长辫子之后，申纪兰 40 多年来一直保持着这种在农村最常见的打扮。

她一生不曾离开劳动，即便 89 岁高龄，每天还是力所能及地参加劳动。

"要和乡亲们在一起，把根永远扎在农村大地上。"她说，这是她的初心。

申纪兰 1929 年出生于山西省平顺县山南底村，是全国唯一连任十三届全国人大代表的人，一生堪称传奇。

她嫁到西沟村时才 18 岁，婚后第六天就下地干活，一生信守"劳动就是解放"。

20 世纪 50 年代，她带着十几个姐妹加入互助组，和男人一样种树开荒，把男女"同工同酬"变成了现实。至今，村里

仍流传着这样的"斗争故事"：

春播快开始了，成堆的粪要往地里运。妇女装一天粪 7 分工，男人挑、运一天 10 分工。干了一天，妇女们都想挑粪运粪。男人不愿意，就比赛。一样多的人和地，男人休息了，妇女不休息，不到晌午，妇女们都运完了，有的男人还没运完，连最反对同工同酬的男社员也说："该提高妇女的底分了。"

1983 年，西沟村实行家庭联产承包责任制，迎来改革开放后的新起点。2 年后，申纪兰带领乡亲们办起了平顺县第一个村办企业，西沟村逐渐走上了快速发展的道路。

现在，西沟村有集体企业 4 家、民营企业 12 家。2018 年，村集体可支配收入 210 万元，农民人均纯收入 9 800 元。

在申纪兰身上，"勿忘人民、勿忘劳动"的初心已经化为血液。即便在担任山西省妇联主任期间，她依然早早起床，给大家扫地、打开水、擦桌子，也不曾将自己和孩子户口迁到城市。

申纪兰对物质生活看得很轻。她住的仍是 20 世纪 60 年代的老房子，有一张旧桌子和一个旧式小柜子，一张老式木床占了半个屋子，没有一件现代化家具和高档电器。但她却多次将奖金捐给村集体。她坚持不领厅级干部工资，原来每月只拿村集体 150 元补贴，这两年才涨到 300 元。

"什么时候也不能忘记党的教导，不能脱离群众，要给群众干工作。"申纪兰说。

案例二： 安徽省凤阳县小岗村

从"按红手印"到"拿着红本分红利"

回望来路，才能不忘初心，照亮前行灯塔。40多年前发轫于小岗村的那场波澜壮阔的伟大变革，开启时代大幕。小岗这个淮河岸边的普通村庄，被习近平总书记称为"农村改革的主要发源地"。

这40年，小岗村也和着中国改革开放的脉动，见证了中国农村的一次又一次跨越，成为改革开放历程上的重要标志：从"大包干"按下"红手印"，到确权登记颁证的"红本本"，再到"农村三变改革"的"分红利"……现在的小岗村，将分散的土地重新集中后，开始大规模流转，以集约型现代农业的形式经营，不断寻求致富路径，村民人均可支配收入从当年的22元增长到2017年的18 106元。

一按红手印：小岗平地起惊雷

小岗村有个"当年农家"茅草房，是20世纪70年代小岗村18位农民在"生死契约"上按下鲜红手印搞起"大包干"的地方。

时隔40多年，坐在当年按红手印的茅草房里，"大包干"带头人之一的严金昌思绪万千："当年确实饿怕了，也饿极了，一家人想吃一口红薯，但家里都没有。"

那时候的小岗村，是个以"吃粮靠返销、用钱靠救济、生产靠贷款"而闻名的三靠村。经常闹饥荒，农民大多外出乞讨。

穷则变。1978年12月一个普通的夜晚，就在这间破旧的茅草屋内，严金昌等18位饿怕了的庄稼汉开会，毅然决然地按下了18个鲜红的手印，签下了一张生死契约。契约的内容寥寥数十字，却震撼人心："我们分田单干，每户户主签字盖章，如以后能干，每户保证每户的全年上交和公粮，不在（再）向国家伸手要钱要粮。如不成，我们干部坐牢杀头也甘心，大家社员也保证把我们的小孩养活到十八岁。"

就在当晚，他们连夜将生产队的土地、耕牛、农具等按人头分到各家各户，搞起了"大包干"。

严金昌一家分得近40亩地，一家老小没日没夜地在田地里干活。秋收后，严金昌喜获丰收。舍不得卖，稻谷、花生、红薯堆得家里到处都是。

"大包干"第一年，小岗村粮食总产量13.3万斤，相当于1955—1970年粮食产量的总和；人均收入400元，是上年22元的18倍。20多年吃救济粮的历史就此结束。

1979年6月，时任安徽省委第一书记万里来到凤阳调研"大包干"情况，时任凤阳县委书记陈庭元用农民的顺口溜向他汇报了工作：大包干，就是好，干部群众都想搞；只要给干三五年，吃陈粮，少陈草，个人富，集体富，国家还要盖粮库。万里听后说："我批准你们干三五年，错了我负责。"

1980年5月31日，邓小平同志在《关于农村政策问题》座谈会上的讲话中指出："'凤阳花鼓'中唱到的凤阳县，绝大多数生产队搞了大包干，也是一年翻身，改变面貌……"至此，小岗人首创的农业"大包干"终于有了真正的合法地位。到1981年底，全地区实行大包干责任制的生产队占99.5%。后来凤阳人把"大包干"编成歌谣，这就是闻名全国的《大包干》歌："大包干，大包干，直来直去不拐弯；保证国家的，留足集体的，剩下都是自己的。"

18枚红手印催生了家庭联产承包责任制。1982年，中央第一个关于农村工作的"一号文件"正式出台，明确包产到户、包干到户都是社会主义集体经济的生产责任制。

在农村改革成功的基础上，以城市为重点的全面经济体制改革逐步展开，中国的改革开放和现代化建设从此步入了前所未有的快车道。小岗"大包干"也成为改革的重要印记，和深圳"特区先行探路"、海南"最大特区"、浦东"开发开放"、雄安"未来之城"这些印记串联在一起，勾勒出中国改革开放从农村开始，向城市推进，从沿海到内地，从经济到各领域不断深化的坚实足印，展示出中国特色社会主义的强大生命力。

再摁红手印：挽留改革带头人

包产到户后，严金昌一家的日子改变很快。1982 年，他买了一辆"小四轮"和一台收割机。很快，严金昌一家就搬出了茅草房，住进了砖瓦结构的新平房。和严金昌一样，多数小岗人在那几年内完成了住房的升级换代。

但包产到户后，小岗人遭遇了新问题。严金昌说，因为粮食产量的大范围提高，卖粮越来越难，粮食价格降低，换不成"现钱"。

"大伙儿辛勤劳动了几十年，也没能富起来。"严金昌感到遗憾，从 20 世纪 80 年代中期以后的 20 多年，小岗村并没有发生实质性的变化。"土地是我们农民的命根子，但是光靠种地只能解决温饱。"

"一年越过温饱线，20 年没过富裕槛。"到 2003 年，小岗全村人均收入只有 2 300 元，村集体存款为零。小岗村的出路到底在哪？

2004 年，来自安徽省财政厅的沈浩到小岗村任党支部第一书记，成为小岗再次改革的契机。

"老严，你种一辈子地，也没富起来呀。"

"除了种地，我还能干啥？其他的咱也不会。"

"听我的，咱开个农家乐。"

回忆起当年和沈浩的对话，严金昌感慨万千。

沈浩，2004年作为安徽省第二批选派干部，从安徽省财政厅到凤阳县任小岗村党支部第一书记。当年2月，春寒料峭。第一次走进小岗村的沈浩，心立即揪成了一团。小岗"偏"，尽管离县城直线距离只有20多公里，但到县城要绕过镇里走上40多公里，路面坑坑洼洼，乘车至少需要一个小时；小岗"穷"，因为位于高岗，缺少资源，生产条件恶劣，十年八旱，2003年全村人均收入2 300元；当时的小岗"散"，村庄乱，环境差，没有一个团结的、有战斗力的领导班子。

大包干解决了小岗人的吃饭问题，但从温饱到小康，包干成了坎儿，这也正是多年来小岗人踟蹰不前的原因。

沈浩开始了挨家挨户的大走访，村里人现在还记得沈浩的大嗓门儿和朗朗的笑声。他抽着5块多钱一包的"渡江"，见到村民就会主动上前递烟点火，问长问短。见到老人拎东西过来，就会主动上前帮一把。

有村民看到沈浩穿的衣服领子和袖子都磨破了，就笑着问："沈书记，你怎么比我们农村人还不讲究？"沈浩笑着答："我本来就是农村长大的，不需要那么讲究。小时候这样的衣服想穿都穿不上。"

大走访让沈浩熟悉了小岗，也让小岗人接受了沈浩。

长期以来，小岗村只有一条泥土路通往外界。为了打破闭塞，沈浩争取到一笔50万元资金后，决定修一条水泥路。他将村民组织起来，投工投劳，按劳取酬，既省了钱，又唤起村民参与感。自己也天天泡在工地，什么活都干，找不到工具，就挽起袖子用手捧水泥。最终高质量地完成了施工，节余了一半资金。

这条被命名为友谊大道的路，成为点燃小岗的"一把火"。2006年，小岗村人均收入超过5 000元。这年秋天，沈浩挂职期将满，小岗村民满怀深情写下挽留沈浩的请愿书，摁下98个鲜红的手印。

通路之后，沈浩带领村民制定了"三步走"战略：引进工业、发展现代农业和旅游业。

小块土地收益有限，发展现代农业，需要集约利用土地。2006年，沈浩开会动员村民流转一部分土地进行整理，提高土地利用率。很多人误以为是要收回个人承包的土地，顾虑重重。

"当年想法很简单，我种地，只要能吃饭就行，没想要吃得好。""大包干"带头人之一的关友江说。关友江、严金昌都记得，当时沈浩挨家挨户做工作，说土地流转不是卖地，只是流转了经营权，承包权永远是咱们农民的。

在许多村民犹豫观望的时候，严金昌率先用行动支持沈浩，不仅把土地流转出去，还腾出农舍发展农家乐，"金昌食府"四个字就是沈浩当年题写的。

关友江也把自家近30亩地流转了出去，一签就是15年租期。关友江开了一家大包干菜馆，儿子儿媳从务农改为经营菜馆。

严金昌给人民网安徽频道记者算了一笔账：每亩地种上"一麦一豆"，除去化肥、农药、农膜外，每亩地年收入还不到1 000元。

"有人说，不能光种粮，得种经济作物。可一家一户十几亩、几十亩弄不起来，也没那技术。"严金昌说，土地流转后，每亩土地根据地力、位置不同，把土地转出去，每亩可获得600～900元的收入。"土地转出去了，家里的劳动力都解放了，还能干点别的，我这饭店，一年挣十多万没问题。"

寒来暑往，又是三年，小岗人满怀着对富裕的渴望和对深化改革的期盼，再次按下了挽留沈浩的红手印。2008年小岗村民人均纯收入达6 600元，比沈浩上任前的2003年的2 300元增加了近2倍，年均增长近千元。

2009年11月6日，沈浩因积劳成疾，病逝在小岗村的工作岗位上。小岗村民又按下红手印，将沈浩永远"留在"了小岗。

拿到"红本本"：小岗改革在路上

2015年7月8日，安徽省土地承包经营权第一证在小岗村颁发，小岗人说，如今确权颁证，广大农民可以甩开膀子去搞土地流转、入股，拿租金、分红利了。从按"红手印"，到领"红本本"，小岗在中国农村改革的历史进程中再度领跑。目前，小岗村的土地流转面积已接近9 000亩，占到全部耕地的近七成。

55岁的程夕兵是村里有名的"种粮大户"，目前种着590多亩地。除了自家20亩，其他都是流转来的。程夕兵说，他一开始只是帮外出务工的邻居代种，后来发现机械化不仅省时省力，还可以降低生产成本，就主动流转，租用村民的地。

程夕兵现在又搞起了农机大院，和别人一起入股了十几台农用机械，上了三台烘干设备，还准备建一个育秧室和米厂。

程夕兵算了一笔账：没有烘干设备之前，水稻质量参差不齐，只能卖给个体粮贩，一斤水稻1块2；上了烘干机，烘干过的水稻就可以卖给国家粮库，一斤可以多卖一毛多钱。

程夕兵说，他更长远的设想是，从粮食种植、烘干、加工，再到消费者的餐桌，"打造我们自己生产出来的放心粮"。

随着农村"三变"改革，即农村资源变资产、资金变股金、农民变股东改革。2016年，小岗村开展农村土地承包经营权抵押贷款试点，把"红本本"变成了"活资产"。对小岗村品牌等部分无形资产进行评估登记，折算成3 026万元入股成立小岗村创发公司，实现了"人人持股"，进一步壮大集体经济。

2018年2月9日，小岗人实现了40年来的第一次集体经济分红。

小岗村党委第一书记李锦柱说，加上村集体为村民承担的新农合、新农保和政策性农业保险，2017年每个村民从集体经济中收益约为600元。

关友江的儿子关正景等一批小岗人，想着通过电商为小岗注入互联网因素，打造"互联网＋大包干"模式，让好的农产品卖上好价钱。现在，"小岗农民"原生态大米、"小岗农民"黑花生、"小岗农民"蓝莓果干等土特产畅销全国。

李锦柱则有着更大的规划。他说，村两委正在规划一个小岗未来的发展方案，在这份蓝图中，小岗村的目标是建成一个"一、二、三产业融合，景区、社区、园区融合的改革特色小镇，一个生产、生活、生态融合，创新、创业、创意融合的全域田园综合体"。

现在的小岗，启动土地承包经营权抵押贷款试点，建设4 300亩高标准农田，发展现代农业观光游，争创国家5A级景区……进入"不惑"之年的新小岗，已从当初100多人的生产队，发展成为全国十大名村，拉动旅游业年收入超过5 000万元，村民人均可支配收入也从当年的22元增长到2017年的18 106元。

李锦柱说，改革创新是小岗的基因和底色，2018年是改革开放40周年，最好的纪念就是更有力地推进改革。严金昌接过话："就像习近平总书记说的那样，幸福是奋斗出来的，小岗人撸起袖子加油干，用实干开启新的改革征程！"

案例三： 江苏省江阴市华士镇华西村

四十年四代华西人的梦与路

华西村，位于江苏江阴山镇交界地带。最初是个只有0.96平方公里的小地方。1961年建村以来特别是改革开放以后，华西村在几代人的耕耘下，发生了从穷得叮当响到"中国第一村"的巨变。今天我们就走进华西，听村里人说说发生在这里的故事——

向干瘪的肚子和口袋宣战

吴协恩，现任华西村党委书记。他的父亲吴仁宝，是华西村第一代党委书记，也是成就了这个村庄的灵魂人物。吴仁宝2003年卸任，2013年去世，但在吴协恩和村民口中，吴仁宝这个名字总会被提起，大家仍然习惯称他"老书记"。

1961年，华西村建村。这个村人口只有670人，但奈何可耕种的土地少得可怜，人均不到半亩。再加上地形的限制和基础设施过于简陋，村里的地不是旱就是涝，收成惨淡。贫困艰难的生活给当时年纪尚幼的吴协恩留下了深刻的印象："我60年代出生，记事儿以后还看到过，村里人有娶不到老婆的，还有住草房的。那个时候我们华西有不少人家到苏州、浙江的嘉兴去种地，还有的到上海或者其他地方打工，穷啊。"

当时，吴仁宝面对的就是这样的烂摊子。

穷则思变，变则通。摆在他面前的只有一条路——向大自然宣战。吴仁宝为华西村制定了第一个"十五年远景规划"。

吴仁宝和村民提前6年实现了梦想：他们硬是用肩膀挑出

来一百多万平方米的土方，把高高低低的田地铺平了；他们开挖河流，把弯曲的河道拉直了；他们还把 12 个分散的自然村集中到一个中心区域来，原来村庄所在的地方复垦变成了良田。

1969 年，华西村的农业搞得红红火火，村里人也能吃饱饭了。不安分的吴仁宝又开始想，怎么让老百姓的口袋鼓起来？

吴协恩说，老书记的想法还是要搞工业，无农不稳，无工不富。在这样的背景下，1970 年，一个小小的五金厂在村子最西头的一件民房里悄然开工了。这时候的吴仁宝和村民不会意识到，这个不成气候的地下作坊将彻底改变华西村此后几十年的命运。

办厂是要冒很大风险的。"那个时候是要割资本主义尾巴的，就是一旦发现那就出大事了。老书记就说，有责任我来担，只要为老百姓的，我们干！"吴协恩回忆说。

年过 70 岁的朱林珍，是小五金厂一代员工。回忆起当年的情形，老人的言语中仍透着倔强："要自力更生，不要问别人伸手。我们没有别的想法，一天到晚就想着干活。像我们早上 5 点钟去工厂，有的晚上 9 点才下班回家。那时候的人不懂累、不讲钱，在厂里就觉得自己是幸福的，风吹不着雨打不到，比在外面种地强。回过头比较比较，现在的人真的是幸福。"

为了应付上头的检查，吴仁宝自有"妙计"。领导来检查，小五金厂关闭，村民到地里干农活，搞得轰轰烈烈的，领导一看挺满意。等领导走了，再把人叫到厂里面，加班加点把耽误的时间赶出来。靠这样的"打游击"，小五金厂有惊无险地存在了 8 年，一直到 1978 年。

大胆的决定：地，不分了！

1978 年，华西村人均收入达到 220 元，在全国已经是佼佼者。小五金厂当年的效益超过 28 万元，全村的存款也超过 100

万元。改革开放后，分田到户在全国农村推行。

但在华西村，村民分田的热情并不高。吴协恩解释了其中的原因："到1978年，我们已经有几个工厂了，很多村民都在工厂里，不愿意种地了。"

吴仁宝研究完中央的文件，又到河北、河南等地考察了一番。回来后，他做出了一个大胆的决定：地，不分了！吴协恩说，当时国家提出的是宜统则统，宜分则分，也是希望农村按照农村的实际去发展。老书记听从了老百姓的意见，把村里的地承包给30个种田能手，富余劳力进工厂，到大忙季节，村民一起去帮忙。这样一来解决好了两者关系。

从此，华西村走上了一条与众不同的道路，直奔工业化而去。

在已有的工业底子上，华西村继续兴办了小织布厂、钢板厂等十多个小型企业。1994年，全国大型乡镇企业江苏华西集团有限公司成立。1996年，华西村实现了家家住别墅、户户开轿车，成为国内最富裕的村庄之一。

"关厂书记"压力挺大

迈入21世纪后，华西村通过一分五统的方式，与过去帮带的周边20个村落整合成了大华西村，面积扩大到35平方公里。两年后，时年39岁的吴协恩当选华西村党委书记。

吴协恩上台后二话不说，干的第一件事儿就是关闭工厂。

吴协恩这么做不是没有理由的，当时制造业发达的长三角地区，已经出现了用工荒、土地成本大幅度提高、环境容量不够等问题。对于以钢铁、纺织、化工产业为主导的华西来说，这些问题虽然没有显现但已经潜在。

说起这段经历，吴协恩还自己打趣："人家背后说我是当了书记干啥，就是关厂。"但他并不后悔，"我当这个书记，我自己感觉到压力挺大，压力大在哪里，不是当下，大在明天怎么办。因为华西本身是走在了前列，我们所碰到的问题也会比较早地去发现。"

大华西有三个化工厂，有化工厂就有污染。吴协恩第一个关的是大华西的化工厂，那个厂长当着面不敢说什么。吴协恩也不多说什么，只是把厂里的工人全部安排到集团其他单位去工作，不因关厂让他们下岗失业。厂长呢，则调到集团公司，抓环保工作。吴协恩说："对污染深有体会，他会抓得更好。这位厂长现在60多岁了，我都没让他退休。后来他跟我讲，他曾找过老书记问能不能不关厂，说明当时他心里还是有想法。但他愿意跟我讲这件事了，说明他已经想明白，想通了。"

就这样，吴协恩在上任的10年时间里，逐步关了九家企业。

2004年到2013年间，华西村三个效益良好的轧钢厂被陆续关停，将近500万吨的轧钢能力砍掉了100多万吨。杨永昌，现任华西钢铁有限公司董事长，对当时的情形记忆犹新，在他看来，关厂给他带来的最大压力是分流人员的就业问题。

杨永昌说："2015年钢铁行业乃至全行业都不好，我压力大得不得了。作为一把手，我也想采取措施，想减员，但书记说不能减，我们一定要考虑社会的稳定，我们一方担当。我们大华西，一部分年龄比较大的、文化水平比较低的，如果说就业不解决的话，对他们一个家庭的生活影响是非常大的。有的夫妻两个，比如45岁、50岁，还有小孩上高中、上大学，负担蛮重的，毕竟是农村。"

"当时我们不理解，这个轧钢厂还在赚钱为什么关？以后不赚钱再关嘛。"杨永昌回忆说，但时间很快便给出了答案，2013—2015年全国的钢铁行业转差，杨永昌的钢铁公司也受到打击，杨永昌接着说，"但是，华西没有遇到大的困难，什么原因？主要是转型转得早。那个时候钢铁板块不太好，但是其他的板块回报率比较高，效益比较好，取代了传统产业。"

农业，让位工业后再当主角

华西集团涉足旅游、农产品、金融、海工海运、仓储物流、矿业资源等多个领域。这些新兴领域成了 70、80 后的天下。

2015 年，曾经致力于工业化的华西村开辟出了千亩稻田，并把它交给了几个 80 后的年轻人管理和耕种。

梅振华，现年 38 岁。本来是学钢铁冶金专业的，回到村里进了华西钢厂，一干就是 12 年，2016 年报名参加华西村职业农民的选拔，作为队长和其他 6 名年轻人被送到日本，跟当地的农场主学习研修现代种植技术。

梅振华感慨地说，"像我们这些 80 后，跟土地打交道很少很少了。一点基础知识都没有，更不要说去动手实践了。"

就这样，7 个庄稼地里的门外汉开始摸索起了一个全新的领域。过程不会一帆风顺似乎在意料之中，7 个人甚至还因为一次无意的提前收工，差点被大发雷霆的老师撵回国。"第一年研修结束，我们进行一次考试，100 分，动手能力是 10 分，90 分的理论。我记得我考了 38 分还是多少分，反正最高分是 45 分。没有一个人及格的。"

2018 年已是学习研修种水稻的第三个年头，他们的千亩稻田一片生机勃勃，种出来的大米开始在比赛中崭露头角。7 人小团队也扩展到 10 个人。"我们这个团队都是本科以上的，我们有研究生，有在日本留学回来的，有在新西兰留学回来的，青年做这件事，能更好地接受现代化的理念，更好地操作农业机械，让水稻种植有进一步提升的空间。"梅振华说。

"外来客"到了华西村

不单单是本地年轻人有了施展拳脚的一片天地，慕名而来的外地年轻人也越来越多了。据华西集团的介绍，华西集团外来员工比例逐渐上升，企业高管中39％是外来的，中高层干部中59％是外来的，员工队伍中超过92％是外来的。

何苇，华西村接待办一线接待员，贵州人，到华西村工作18年。上至党和国家领导人，下至各地慕名而来的普通游客，她年接待游客10万人。

何苇告诉记者，她原来在老家是国家公务员，到华西村来学习挂职锻炼，学习期满选择留下来没有回去。

何苇说，"华西村有自己的魅力，那时候老书记还在，我和他非常熟悉，在他身边工作，我觉得他身上有很多的东西值得我学习。用现在的话讲叫正能量。我觉得特别好，积极、阳光、向上，而且华西村的经济发展确实非常吸引我，所以我毅然决然地留在了这个地方。"

结语：

对于未来，华西村有着明确的目标，今后五年要成为"农村都市"，既要有都市品质，又不失农村特色；更远的是要追求优秀的"百年企业"和幸福的"百年村庄"。

50多年前的华西村面积不过0.96平方公里，仅相当于我国国土面积的千万分之一，就像水滴之于大海，体积微乎其微。但这滴水并不普通。在一代一代华西村人穷尽一生的奋斗和苦心经营下，它成了中国农村改革开放的鲜活样本，其中蕴含了无限的生机。创业难，守业更是不易。数十年走过的路并不一帆风顺，当前华西村也面临转型升级。华西村没有忘记探索，没有停止改革，他们一直坚定地走在路上。

案例四： 河南省漯河市临颍县南街村

因地制宜产业兴　蹄疾步稳推动乡村振兴

说起乡村振兴的典范，享有"中国十大名村"美誉的河南省南街村必是不可或缺的一个。在市场经济大潮中，这里一直坚持走集体共同富裕道路，农业集体耕种，工业集体经营，工作集体安排，村民集体教育，困难集体解决，风险集体担当，实行"工资＋供给"的分配制度。现如今，南街村的村民们住在现代化的公寓里，享受着上学、医疗、日常生活等一切免费的福利待遇，生活安居乐业，环境舒适优美，一幅世外桃源之景。

南街村地处豫南腹地，隶属于漯河市临颍县城关镇，面积1.78平方公里，人口3 700余人，耕地500亩。村党委下设20个党支部，有党员661名。改革开放以来，南街村党组织坚持党的"一个中心，两个基本点"的基本路线，积极发挥战斗堡垒作用，带领群众走集体化道路，把昔日贫穷落后的"难街村"打造成了共同富裕的"乡村都市"。

因地制宜产业兴

俗话说，适合自己的才是最好的！根据南街村自身发展情况，南街村村民自愿写出申请把土地交给集体，由集体统一经营管理。南街村重新走上了集体化道路。

在发展集体经济道路上，南街村依靠当地资源和自身优势，"玩泥蛋儿起家，玩面蛋儿发家"，并逐渐形成了"围绕农业办工业，围绕龙头上配套"的经济发展理念，以粮食深加工为主导方向，以生产多种方便食品为龙头，相继建起了20多家企业，产业涉及食品、饮品、包装等，形成了"多业辅助一业上，一业带动多业兴"的良好态势。2017年集体经济增长

2 000 多倍，实现产值 22.5 亿元。

"三园"村庄令人赞

在发展过程中，南街村村党委始终坚持"绿水青山就是金山银山"的发展理念，把环境治理和保护工作摆在重要议事日程，出台《南街村环境治理暂行规定》，成立村爱卫会和环保队，开展"一路走一路拾"活动，并形成人人保护爱护环境的社会风气。

村里先后投入 1 000 多万元改造多条村域街道，形成了"四纵四横"的交通网络；对道路两旁进行绿化，达到了路路畅通、四季常青的效果；投入 2 500 多万元建起了绿地、花园、健身场所；配套建设有 20 余座水冲式免费公厕；对垃圾、粪便全部做到无害化处理；成立 110 多人的专业环卫队，投资 50 多万元购买了路面清扫车、抽污车、洒水车、垃圾转运车；对道路、村民楼区做到全天保洁，厂区设有专人负责卫生保洁工作，对垃圾做到日产日清，严格执行门前五包和车辆定点停放责任制；单位卫生管理实行班前检查制度，做到"手到之处不洗手，眼到之处不见脏"

农业发展实施规模化经营、农场式管理，全部实现了机械化和科学种田。工业发展坚持低消耗、少污染、低排放、高效益原则，加大环保治理力度，严格科学管理；厂容厂貌整洁漂亮，努力打造现代化企业、花园式工厂，获得了"省级农业产业化龙头企业"和"中国食品工业质量效益奖"等荣誉称号。

舒适优美的环境、供给制的分配制度，让南街村日益成为花园、公园、乐园三位一体的"三园化"新农村。

文明乡风美名扬

加强党性教育，加强党员干部队伍建设。从创业之初，村党委就为全村党员干部定下了"四个决不能"和"过好三大关"的规矩，即决不能谁也不顾、自己先富，决不能喊"给我上"、要喊"跟我来"，决不能护短怕羞、要敢于揭私亮丑，决不能台上说人家、台下被人说；要过好吃请关、权力关和金钱关。村党委还把"公生明，廉生威"当作座右铭。

在建设党员干部队伍方面，村党委坚持开展民主生活会，面对面开展批评与自我批评，让"红脸出汗"成为常态，达到"洗脸治病"的目的。开展各项活动，使党员干部从中受益。组织全村党员观看反腐倡廉警示片，各支部把媒体上报道的一些贪官案例当作反面教材，组织大家学习，达到警钟长鸣。

狠抓精神文明建设，提升全村人的思想素质。村党委设立了宣教办和文明办，专门负责全村的政治思想教育和精神文明建设工作。先后建立了广播站、报社、电视台、微信公众号等。村团委成立了200多个学雷锋活动小组，活跃在全村各个角落。南街村多年来坚持开展评选先进工作者、积极分子和"三好"建设者活动，为大家树立学习标兵；妇联会每年都要开展先进评比活动，一批批"五好文明家庭"相继涌现；企业开展"企业标兵"等评选活动。村党委明确提出了"做好人、做好事、做好产品"的理念，发出了培养和壮大先进群体的号召，有效提升了村民的素质。村里建有四个文化广场，成立娱乐活动中心，丰富村民业余文化生活。还建有井冈山和西柏坡旧址等仿建景观，对大家进行红色革命传统教育。

平安和谐幸福多

在村庄治理方面，南街村经过了一个从严格管理到规范化管理再到自觉管理的过程。最初南街村开始实行"十星级文明户"评比，由村民管理委员会每两个月组织村民组长检查评比一次，评定结果与福利挂钩。随着集体经济的发展，南街村先后两次对"十星"内容和《南街村"十星级文明户"标准细则》

进行了修改，同时修改了《南街村村规民约》。2011 年评星工作由政治部所属单位村民管理委员会具体负责，并且村民、荣誉村民所在工作单位也参与其中，以确保星级评比更公平、更真实。

村里专门成立了村民监督委员会，围绕"追查不落实的事，追究不落实的人"开展工作，并注意把握好"三原则"，即围绕信仰抓落实、围绕任务抓落实、围绕措施抓落实，使各项规章制度和措施落实到位。

科学规划南街新村用地规划，将生产、生活、教育等功能区分开，健全消防等公共安全基础设施，投资建设监控中心，对全村各重点路段、主要地点实行 24 小时监控，提升了村级安全级别，成为全市安装视频监控系统第一村。

村里成立了安全生产、消防安全领导组，下设监察组和安全管理办公室。成立了南街村应急救援组织机构，为安全工作的顺利开展提供了强有力的保证。村安保处下设五个警务区，担负全村的治安巡逻、企业消防安全及村民车棚管理等多项工作。并定期举行火灾、震灾逃生演练等。至此，南街村获得省、市、县安全生产、消防安全"先进单位"荣誉称号。

共富花开何芬芳

"南街人真幸福！"这是游客参观南街后的由衷感言，也是南街人的真实体会。南街人幸福的源泉，就是有集体这个坚强的后盾和牢固的靠山。正如魏巍所写：来到南街心欢畅，共富花开何芬芳。

"我们发展集体经济的目的是什么？是让老百姓过上好日子。"遵照村党委书记王宏斌的初衷，集体有了积累后就为群众大办公共福利，并且不断扩大供给的范围、提升供给的档次。南街村实行"工资＋供给"的分配制度，如今，南街人除在企业上班领取工资外，还免费享受水、电、气、面粉、购物卡、

节假日食品、入托上学、住房、医疗等多项福利。南街村有 40
栋公寓住房,所有村民和荣誉村民都免费居住,村民看病只带
上医疗本就可免费到村卫生院就医,一切费用由集体承担。

盘点收获硕果丰

如今,南街村的基层党组织领航更加有力,村民的幸福指
数日益升高,南街村的声誉日益扩大。南街村荣获了"全国先
进基层党组织""全国模范村民委员会""全国文明村""中国
十大名村""中国幸福村""中国十佳小康村""中国第一雷锋
村"等诸多殊荣。

今天的南街村,已成了"集体经济"的代名词,为解决中
国的"三农"问题提供了有益借鉴,带动了县域经济发展,带
出了一批走集体化道路的村庄。接下来,南街人会在习近平新
时代中国特色社会主义思想指引下,同心同德、开拓创新,抢
抓乡村振兴战略新机遇,实现经济和各项事业的新跨越。

案例五: 北京市延庆区刘斌堡乡姚官岭村

背靠绿水青山　延庆小山村"闯"出富民路子

花香不怕山深,在北京延庆的山洼间,一间间闲置的村房
经过精心改造成为城里人的"世外桃源"。在这里,孩子们在
庭院里尽情撒欢儿,大人们窝在躺椅上谈天小酌。看得见星
空,望得见青山,闻得见花香。在刘斌堡乡姚官岭村,精品民
宿串起了城里人的乡愁和村里人的好日子。

老房子蜕变精品民宿成了"香饽饽"

刘斌堡乡位于四季花海景区和百里山水画廊沟域的入口
处,下辖 16 个行政村,其中 12 个村曾经戴上了"低收入帽"。
姚官岭村三面环山,虽拥有天然迷人的山地田园风光,但经济

基础薄弱，没有产业支撑，青壮年劳力外出务工，成为了典型的"空心村"。

改变发生在 2018 年，姚官岭村通过引入社会资本，盘活了闲置房屋，发展起了精品民宿产业。2019 年，延庆区第一个民宿集群——"合宿·延庆姚官岭"出现在这个籍籍无名的小村里。"合宿"采用"公司＋合作社＋农户"的合作方式，村党支部书记带领村民成立合作社，整合村内闲置资源再统一与公司进行合作，最大限度保障了村民的利益。

"大隐于世""石光长城""左邻右舍"……姚官岭村汇聚了 7 大民宿品牌，这里的每个民宿院落都拥有独特的空间特质与风格，以及各个品牌背后不同的文化内涵，保证了民宿集群项目应有的产品多样性与丰富性。复式小楼、木制庭院、露天泳池，"重生"后的老院子换了天地。"对于民宿来讲，是在不改变农的味道，不改变乡村的自然建筑、生态肌理的前提下，引入外部一些好的、先进的设计和运营理念，规避了一些重复性的低附加值的旅游业态。所以，2019 年 6 月，'合宿'一经推出，就吸引了一波又一波有'情怀'的城里人前来。"刘斌堡乡党委书记郭清尧介绍。

现如今，曾经无人居住的闲置空房变成了"香饽饽"，曾经就业无门的农村大姐变成了月收入 3 800 元、仪表举止自信大方的"俏管家"，曾经没有销路的农副产品变成了争相抢要的绿色健康食品，曾经无人问津的农事秋收变成了互动体验的共生社群。

找对富民路子　民宿大有可为

民宿到底是不是一条富民路子？延庆区文旅局副局长郑爱娟介绍，合作社将各村闲置农宅流转后，改造成为精品民宿，村民每年可以获得 1 万元左右的财产性租金收入。民宿运营过程中，优先为农村低收入户劳动力提供就业，实行管家包院制，即培训当地村民做小院管家，承担客房的餐饮、接待、清洁、维护等工作，在月平均工资基础上再享有相应提成，年收入 4 万元左右。此外，有的村民还增加农副产品销售收入和投资分红收入。"所以民宿是富民增收的好路子。"她说。

"'合宿'带动了村内 19 位劳动者就业，2019 年实现了 80 万元的营业收入，占这个村整体收入的 70% 左右。"郑爱娟说，"姚官岭成了不折不扣的'网红'，2020 年十一黄金周期间整体出租率在 95% 以上，预定需要提前一两个月。"

以精品民宿为龙头，姚官岭村发展乡村休闲度假产业，规划策动村内 50 栋生态大棚和 300 亩闲置农田，围绕游客需求打造生态种植体验园，实现了一三产联动，惠及全村 40 余户。数据显示，2019 年全村人均可支配收入 15 893 元，同比增长 11.4%。2018 年，姚官岭村成功入选了第一批全国乡村旅游重点村。

"精品民宿产业具有多重带动效应，适宜山区乡村发展。"郑爱娟说。截至目前，延庆区已培育出 100 个品牌，300 个院子，3 000 张床位的精品民宿规模，全区 15 个乡镇都有民宿产业布局，实现了从点到线，从线到区域集聚的发展。到 2022 年北京冬奥会之前，延庆区计划培育 100 个民宿村，500 个民宿小院，5 000 张民宿床位。

绿水青山成了产业发展的"靠山"

"从小延庆的山山水水陪伴着我长大，现如今延庆的绿水青山成了我和小伙伴们创业发展的最大'靠山'！我的姚官岭故事就是从绿水青山到金山银山的鲜活体现。"作为土生土长的延庆人，民宿集群运营商张海超感叹道。

"刚开始返乡创业的时候，我以为乡村旅游产业发展就是要大拆大建，就是把农民搬出农村，就是要让农村变成城市模样。"经过几年的不断探索和实践，张海超发现，在不破坏乡村原有肌理的同时，充分利用好富饶优越的生态条件、自然村落、山水田园，同样也能够设计好、建设好、运营好为中外游客所神往的精品民宿。

2019 年 4 月 28 日，北京世园会在延庆区盛大开幕。"绿色生活、美丽家园"的愿景深刻影响了张海超。"'合宿'从意向选址到设计建设，从景观保护到软硬铺装，从能源解决到服务供给，从品牌建设到消费挖掘，无一不在凸显着这片土地对生态保护和绿色发展共生共荣的理解。"张海超说。

民宿产业的发展已经成为延庆"两山理论"发展的重要路径。"守护好绿水青山是延庆区发展精品民宿产业的根基命脉。"郑爱娟说，"实现以生态为核心的产、城、人的融合，让城里人愿意来、留得住，形成民宿的产业化发展，这样才能把绿水青山转变成金山银山。"

案例六：黑龙江省齐齐哈尔市依安县富饶乡兴文村

小村庄的绿色大收益

正午，在依安县温厚农业种植合作社干菜加工车间，烘干机已经持续运作 48 小时，各类菜干被加工完成。有的人在分拣，有的人在包装，工人们忙得不亦乐乎。秋收以来，车间里便是这样忙碌且喜悦的场景。

依安县温厚农业种植合作社位于依安县富饶乡兴文村 3 组，2005 年 5 月由村支部组织创办。创办之初主要以豆角丝烘干为主营业务，后来在乡村两级政府的带动支持下，经营土豆干、茄子干、萝卜干等蔬菜的烘干产品，并注册"丝香小院"

品牌；笨榨豆油、面粉销路也非常好，"富饶之星"品牌在当地也是远近闻名。

"这几天忙着秋收，秋菜收上来后就拿到车间来处理。这里工作的工人大部分都是本村的建档立卡贫困户。"村党支部书记张文东说。

群羊走路看头羊，村党支部就是带领村民干事创业的火车头。该村共有 35 户 70 人种植架豆，他们充分利用地理优势种植豆角等蔬菜，每年都有较好收成。豆角是生长周期短，市场价格平稳的产业，如今加工成豆角丝，是以短养长的经济创新，拓宽了村民增收渠道。"加工厂开业至今已有 2 年时间，就与依安县电商平台签订了全年购销合同，仅去年一年，销量达到 140 多万元，带动本村的贫困户增收，真是一举多得。"张文东看着加工车间说："一亩地产 3 600 斤豆角，10～12 斤豆角能晒 1 斤豆角丝，每斤卖价是 10～12 元，每亩出 300 斤，能收入 3 000 元以上。"

豆角丝发展起来，土豆干、萝卜干也没落下。"如今都爱养生，咱们的五谷杂粮越来越受欢迎了，这个加工厂也不断创新，既符合了现在消费理念又帮助解决建档立卡贫困户实际困难，真心扶贫真情帮扶。"依安县电商平台负责人感慨地说。

种植、采摘、收购、切丝、烘干、包装，一道道工序、一道道把关，真是"丝丝入扣"，这勤劳的成果，增添了一份收获的希望。

案例七：广西壮族自治区百色市田阳县那满镇新立村

新立村"立新"记

过去石旮旯里刨食，一亩玉米收不上 200 斤；现在多种产业兴旺，人均年收入近万元。地处滇桂黔石漠化区曾经的小穷村新立村，短短几年，地覆天翻。

新立村凭何而"立"？

面对记者伸出的手，她迟疑了一下，没摘工作手套。问起2018年的收入，她也只是笑。

眼前这位 66 岁、身高一米五的瘦小老太，名叫黄彩燕。16 头牛、120 只羊、1 000 多只土鸡，外加 4 箱蜜蜂，全靠她一人招呼。丈夫耳聋多病，大儿痴傻，唯有已成家的二儿子，能帮着给她的"牧场"送送饲料。

这里是新立村，位于广西壮族自治区百色市田阳县那满镇，地处滇桂黔石漠化区。

忆往昔，石旮旯里刨食，一亩玉米收不上 200 斤；看今朝，多种产业兴旺，人均年收入由当年的 2 500 元增长到近万元。

"把精准扶贫政策用好，发扬艰苦奋斗精神。"新立村党总支书记罗朝阳回答。

解困，突破常规

一方水土，难养活一方人。新立村的出路，只有一个字——搬！

新立人早已立新志。

"九分石头一分土"，石漠化区地面山峰林立，地下溶洞暗布，地表渗漏少水。贫穷的根源，就在地少石多，且易涝易旱。

20 世纪 70 年代，新立人跟恶劣的自然条件抗争，硬是靠肩挑手挖，开出近 3 000 亩坡耕地。但因土地贫瘠，水利灌溉设施落后，种植品种单一，开地后建的共联屯，一出生便成了田阳县有名的落后屯。

"在山上还有玉米粥喝，下了山连玉米粥都喝不上了。有的人家不多久又搬回了山里。"罗朝阳说。

一方水土，难养活一方人。新立村的出路，只有一个字——搬！

2014年，居住在石山区的新立村村民获得危房改造资金和政府贴息贷款，开始生态搬迁。为节省开支，他们不请建筑队，互相帮工。11个原先坐落在石山区的屯子、198户人家全部搬迁出山。

走进新村址，排排小楼依山而建，齐整整的林荫道穿屯而过，家家户户电器齐全，房前屋后菜果满园。2017年，全村家家户户摘掉了贫困帽。

生产方式也在变化。这些年，新立村修建了27条水泥通村路和生产路，给河谷地带所有耕地都铺设了节水灌溉管道。原先效益低下的甘蔗、玉米田，改种芒果、香蕉、秋冬菜。

"2017年，我们还评上了自治区的'壮乡最美乡村'。"罗朝阳笑着说。

施策，因人而异

"看搬迁成功不成功，要看贫困户腰包能不能鼓起来"

邓勇书是第二次下山了。"70年代那次下来，不到一年全家就回山里了，那年我6岁。"

相比搬得出，留得住更难。"如果没政策支持、没产业支撑，搬下山后的日子也难持久。"罗朝阳感叹。

这次下山，邓勇书成功了。移民新村广新家园里，坐落着他家的三层小楼。

邓勇书有建筑手艺，一年中多数时间都忙个不停。冬天是淡季，他也不闲着，在家加工一种叫苏木的中药。

"一般一天卖一只，多的时候两三只。"何正修也是第二次下山，在繁华的百育镇老街上摆起了羊肉摊。靠着后来学的这门手艺，他还在新立村发展了一帮养羊的乡亲。

"看搬迁成功不成功，要看贫困户腰包能不能鼓起来。"罗朝阳介绍，"我们的办法就是分类施策。"

有手艺的，靠手艺致富；没手艺的，打工也能挣钱。

新立村大规模调整农业产业结构，引进 6 家农业公司流转全村 70% 的耕地建立现代化农业基地，发展了 2 200 亩芒果、2 100 亩香蕉。火龙果、圣女果、秋冬菜种植形成规模，百万羽林下养殖集中成势。

一人打工，全家脱贫。新立村百泉香蕉种植基地负责人林强介绍，在香蕉施肥或收获季节，一天要用工 150 多人，一小时平均工资 10 元。

"一辆摩托车、一顶草帽、一把柴刀，在村里到县城的公路边等着，就有活干。"罗朝阳说，眼下正是冬菜的收获季，也是村民们的收获季。

安居，立足长远

"要让贫困户搬得出、留得住、能致富"

新立村是田阳县精准扶贫的一面镜子。

"要让贫困户搬得出、留得住、能致富，必须下一番绣花功夫，形成当下脱得贫、中期保得住、长期能致富的立体化扶贫新格局。"田阳县委书记韦正业告诉记者，2018 年底田阳县贫困发生率降至 2.2% 以下，可望实现全县脱贫。

田阳县城郊，坐落着全县最大的易地扶贫搬迁安置点"老乡家园"。第三期工程的 31 栋白蓝相间的安置楼已经落成，可安置 6 000 余户、2.5 万贫困群众。

"当下脱得贫"已解决，"中期保得住、长期能致富"的蓝图也在徐徐展开。就在"老乡家园"附近，田阳县配套建设了大型农贸批发市场、东盟物流园、农民工创业园等劳动密集型产业，还在县城附近流转土地建设 20 万亩生态脱贫产业示范基地，让贫困户通过小额入股、务工、返包经营等多种方式获益。

搬进"老乡家园"才一个月，新立村陇仑屯村民谭爱霞已经得益。31 岁的她在一家食品厂分拣水果，一天能挣 100 元左右。

"我家 2017 年底就脱贫了。"吃完晚饭，谭爱霞眉开眼笑地给记者算账，"承包了 30 亩坡地种芒果，2017 年第一年挂果，卖了 3 万多元，往后到盛果期了，日子会更好。"

田阳县委组织部副部长王安福，兼任"农事城办"管理办公室主任告诉记者，"各种公共服务设施，都开始与'老乡家园'三期无缝衔接，让村民真正变成城里人。"

摆脱贫困的人们，正在融入城市之光。

案例八：广东省英德市西牛镇塘面村

昔日"脏乱差"村蝶变美丽新农村

近日，英德天气晴好。在英德市西牛镇小湾片区塘面村，村民们正忙碌着建设新房。"要趁天气好，赶紧施工建新农村。"塘面村委会主任曾亚石说。

此前的塘面村由于内部矛盾不团结，导致村中各项基础设施建设不完善、环境卫生差等问题无人跟进处理，村民更是置之不理，环境"脏乱差"是真实的写照。自西牛镇推行"三个重心"下移以来，塘面村抓住机遇成立党支部和重选理事会成员，逐步形成"民事民定、民事民管、民事民议"的自治体系，让这个原本矛盾重重的村庄焕发出新生机，团结一致推动新农村建设工作。

村小组合二为一共建新农村

"我们在 2014 年就计划开展新农村建设,但因为历史遗留问题,工作难以推进。"曾亚石告诉笔者,在开展农村综合改革前,塘面村划分为塘一、塘二两个村民小组,由于长期积累的各种内部矛盾,两村小组之间的山林土地纠纷难以协调,村民不团结导致新农村建设无法推进,村中缺乏带头人牵头开展各项工作,最终导致塘面的发展陷入困境。

"例如拆除泥砖房这项工作,塘一的说先拆塘二的,塘二的又说先拆塘一的,两村之间互不相让。"曾亚石说,由于两村小组之间互不信任,村庄环境脏乱差、污水横流、垃圾乱扔,道路更是坑坑洼洼,一到下雨天,泥泞不堪。

自西牛镇党委政府推行"三个重心"下移后,塘面村两个村小组的村干部多次提议:将塘一和塘二合并为塘面村民委员会。经过上级部门和西牛镇党委研究和实地考察,在 2017 年的村级换届选举中,两个村小组合并成立了塘面村党支部及塘面村民委员会,同时推选出德高望重的村民任理事会成员,协助村委会干部共同推进新农村建设。"我们从每一房人当中推选一名有威望的村民当理事会成员,这样两个村小组都有代表当上村干部,共同为塘面村的发展出谋划策。"曾亚石说。

合并后,村干部及村民在党支部的领导下,将"发展产业、壮大经济、建设新村"作为共同发展目标,以村民为主体,共同推动塘面村生态宜居美丽乡村建设工作。

拆旧建新　蝶变美丽宜居新农村

经召开村民大会,全村 98％的户代表同意整村进行原地拆旧建新,采取"四不补"(拆旧不补、让地不补、人工不补、青苗不补)的形式推进美丽乡村建设,落实人居环境初步整治。全村共拆危旧房共 500 间,其中不符合村整体规划的完好楼房有 8 间，经村民的大力支持，通过村集体适当补偿，全部规划统一拆除。

而新建房屋由村集体统一兴建基础，全部房屋规划遵循"四个一致"（占地面积一致、户型一致、高度一致、外立面一致），统一规划使得整村房屋规划有序，简洁大方，为后续相关发展奠定基础。全村第一期规划建设新楼房 46 套，在 2019 年 9 月已完工搬迁入住。

另外，全村除预留宅基地房屋位置外，由村主任、理事等组成的工程监督管理队伍监督建设各项基础设施，目前该村基本实现雨污分流全覆盖、主要道路硬底化，并建有占地 1 000 平方米的综合文化室。

曾亚石说，塘面村的建设正如火如荼进行，由村集体统一出资规划建设停车场、A 级公厕、绿化公园、文化室、风水塘防护栏等公共基础设施。推进村中绿化美化，以规划先行为原则，村中在基础设施完善、环境优化的基础上，将进一步落实村规民约、卫生保洁制度建设，为后续的管理打好基础。曾经"脏乱差"的村庄如今逐渐变成美丽宜居的新农村，"看着村庄一点点变美，许多村民都自觉加入建设队伍中，为美丽乡村建设出力。"曾亚石说。

土地整合发展韭菜产业

为了更好发展塘面产业经济，助力乡村振兴，小湾塘面村在村"两委"的带领下积极开展土地整合，发动群众清理砂糖橘病树、竹子。

整合土地后，塘面村以"党支部＋公司＋合作社＋农户＋基地"的发展模式，与英德市联合前进食品贸易有限公司合作种植 180 亩韭菜产业。

公司将韭菜种植基地的韭菜承包给当地农户进行田间管

理，按照 0.25 元/斤计提劳力费，按亩产 1.5 万斤、每户管理 10~20 亩计，户均获利 3.75 万~7.5 万元/年。

另外，公司还聘请当地农户到韭菜基地就业务工，负责韭菜收割、分拣、包装、清洗工作，平均每斤韭菜按照 0.4 元/斤计付工资，平均月工资收入 3 000~5 000 元。目前，该村集体经济收入每年约 38 万元，新农村建设现阶段投入资金约 450 万元。

案例九： 浙江省武义县后陈村

村务在阳光下运行

武义城郊的后陈村名气很大。

2004 年 6 月 18 日，新中国第一个村务监督委员会就在这里诞生。那年，老上访户张舍南，通过选举脱颖而出，成为第一任村务监督委员会主任。为何会选他？村民们说，因为张舍南"爱挑刺"、责任心强。

"这个机制简单得很，就是能让我们监督村干部。"后陈村创设"村务监督委员会"，实现了看得见摸得着的村务监督，使得村级民主监督不再是抽象的概念，而成为农村生活常态。

15 年来，后陈村一直保持着"零上访"状态，村容村貌发生了巨变，乡亲邻里守望，其乐融融。15 年来，"后陈经验"从"村计"逐步上升为"国法"，2010 年被写进村民委员会组织法；2017 年，中办、国办联合印发关于建立健全村务监督委员会的指导意见，更是向全国推广这一做法；2019 年，村务监督委员会制度写进《中国共产党农村基层组织工作条例》。

15 年过去了，后陈是否还在坚持自己的实践和探索，这一制度的确立和坚持，给后陈带来了怎么样的变化？接下来后陈村又将往何处发力？

被逼出来的制度创新

后陈村属于武义县白洋街道，全村现有 380 户、1 065 位村民。秋日，走在后陈村里，一派祥和的景象。谁能想到，15 年前，这里却深陷一场信任危机。"村务监督委员会是被逼出来的。"时任后陈村党支部书记胡文法说。

2004 年之前，金丽温高速公路建设涉及后陈村，随着工业园区的开发以及城乡一体化建设，村里陆续有 1 200 多亩土地被征用，村集体一下子拿到了 1 900 万元征地款。村干部提出，用部分补偿款建造标准厂房，发展集体经济。但村民说，这些钱捏在村干部手里，最后不知落入谁的腰包，不如把钱分掉。

村民的担心不无道理。2004 年之前，村里事务由村书记和村委会主任两人说了算，村民想知情却无门。村里有块沙场，承包出去 40 亩，承包者违规挖了 50 多亩。承包者多赚了，村集体利益受侵犯了，为何村干部没过问？因为拿了好处。村民为此闹了起来，街道干部赶过来调停。但车子刚到村口，就被村民掀了。

类似问题屡屡发生，后陈村成了武义名副其实的"上访第一村"，先后几任村干部因经济问题"落马"，干群关系一度到了剑拔弩张的地步。2003 年，当时的武义县白洋街道干部、后陈人胡文法临危受命，兼任后陈村党支部书记。

"问题主要在于村干部的权力缺少监督，村里的事村民做不了主。"经过一个多月的讨论，后陈村成立了村民财务村务监督小组，作为第三方独立行使村务监督权，这就是后来村监委的雏形。

村里的情况很快发生了变化。在武义县委、白洋街道党工委等多方合力推动下，监督小组升格为村监委，2004 年 6 月

18 日，后陈村挂上了新中国第一块村务监督委员会的牌子。机构的设立和制度的完善，保障村监委对村务全程监督。

经选举，张舍南当选村务监督委员会主任，他曾是村民上访的带头人。村监委上任，铁闸把关，立竿见影。村监会审核通不过的，哪怕是村支书、村委会主任签过字，也报不了销，入不了账。以前，村里的卫生清扫工作承包给谁，由村干部说了算，现在，张舍南要求招标，谁的费用低就承包给谁；以前，村砂石场的运输由村干部决定找人用拖拉机运送，每车 15 元，现在，张舍南提出公开招投标，结果中标拖拉机换成大车运送，折算回来每车运费只要 5 元；村里还首次举行了涉及 1 000 多万元的标准厂房建设及出租方案听证会。

"如果村务监督委员会乱监督或监督不力，可以提请村民代表会议来决议，是否对村务监督委员会成员进行撤换或重新选举。"时任武义县委副书记、纪委书记骆瑞生回忆说。村民真正体验到了"当家做主"的感觉，短短几个月内，村里增收节支 30 多万元。村民说，现在有一个专门机构对大小村务全程监督，大家很满意。有什么意见可以向监委会反映，也不用再上访了。

村监会成立一年后的 6 月 17 日，浙江省委主要领导深入后陈考察调研，肯定了后陈首创村监委的做法。他指出："这是农村基层民主的有益探索，是积极的，有意义的，符合基层民主管理的大方向。"

构建村级权力制衡机制

后陈村创设的村监委会机构，在初始制度设计上是一个相对超脱的权力监督机构。规定村监委会主任及成员的候选人，应是非村"两委"成员及其父母、配偶、子女、兄弟姐妹等直系亲属的村民代表。由村民代表会议选举产生，经村民代表会议授权实施监督，并对村民代表会议负责。由此构建起村级权力的制衡机制。

它的突出特点是"一个机构、两项制度"。一个机构就是常设的村监委会，由3人组成，设主任1人，任期与村委会同届。实行村务管理权与监督权分离的工作模式。由此形成村党支部是领导核心，村民代表会议是村里的决策机构，村委会是村务管理执行机构，村监委会是村务监督机构的闭环系统。两项制度就是《后陈村村务管理制度》和《后陈村村务监督制度》。前者主要对村集体资产管理、土地征用费管理和分配使用、村民建房审批、计划生育、户口变动、村干部误工补贴、村财务收支等村民关注的村务管理做了明确规定。后者则对村级民主监督做出了新的制度安排。特别是对村监委会的产生和组成、职能和义务等做了明确规定，并对把村民代表会议制度、村务公示制度、听证制度和村干部述职考核制度等纳入民主监督制度做出了具体规定。

从村级民主监督的角度看后陈村的村监委会制度，其民主监督模式主要有三个特征：

一是分权制衡，突出以权力制衡权力。按照制度设计，后陈村监委会是村党支部、村委会之外的一个村级监督机构。

二是突出以制度规制约束权力。最早创设这项制度的设计者充分注意了制度的完整性和体系化，并且根据当前农村的实际，重点突出了村集体资产和财务管理制度。比如，对村监委会作为村务特别是财务监督组织的性质及职能等做出了细致明确的规定。又如，建立了救济制度。当村监委会的监督功能无法正常运作时，有权向街道或乡镇有关部门申请救济。如此，各项村级管理制度联结成一个制度体系，功能互补，保障整个制度的良性运作，有效地实现制度对权力的规制功能。

三是实施全程性村务监督。制度规定，村监委会对村务实行全程监督。事前可进行监督，即参与村务管理的决策过程，可对不合制度规定或不合民意的村务决策及时提出异议，提请村民代表会议就有关问题进行协商、表决。事中实施跟踪监督，即对村务执行的过程进行监督，有权抵制不符合制度的村务管理行为。事后进行检查监督，即做好事后每笔支出的审查和资产处置、重大投资行为的审查、督促，公开上墙公布等工作，使村务监督由过去的事后监督转变为全程性监督，有效避免了民主监督的滞后性。

制度升级带来村庄巨变

如果说检验一项制度好不好的标准之一，是村民们高不高兴、满不满意，那么后陈村无疑给出了肯定答案。说起后陈村15年来的变化，在村民们看来，最多的无疑是老年人的生活变化。

2004年村务监督委员会成立后，村里商定每年村集体收入的一半都要分给村民，现在包括老人在内每个村民每年都可以拿到 2 200 元分红。此外，60 岁以上老人重阳节有慰问金，每年还能免费去外地旅游一次。全村人的社保、医保、人身意外保险也都由村里全额代缴。

不过更让村民们高兴的是，15 年来，对这项当年把村庄带出信任泥沼的制度创新，后陈从来没有停止过自我完善和再创新。

现任后陈村党支部书记陈忠武说，对《村务管理制度》和《村务监督制度》，后陈村已经根据实际修订了 4 次，不过村里还在不断研究更加有效的方式。其中一个方向，便是如何让村民更广泛地参与基层自治。

在 2019 年一次后陈村党员、村民代表会议上，现任村监会主任陈玉球例行汇报上个月的财务收支情况。台下，党员陈忠龙对陈玉球提及的村干部误工工资分配提出了疑问："具体到每名村干部是怎么分配的？下次能不能分开列？"村支部委员和村监委委员一一作了回应。

这样的场景，几乎每月上演。2019 年以来，后陈村探索推行村监委向党员、村民代表"双述职"，党员向联系户反馈党务、村务、财务工作，向党员大会反馈村民意见建议的"两反馈"机制，让村民参与基层自治的活跃度更高。

"冲着大家关心的问题去"，一直是后陈人朴素的办事逻辑。针对有村民反映公开栏上的账目还不够清晰、直观，村监委把账目公开"贴"进了电视里、手机 APP 中，什么事项，开支多少，经办人是谁，村民们打开电视或手机，每笔明细都看得清清楚楚。这些年来，后陈村村务监督的手段、范畴、方式一直在调整跟进，传统的公示变成双向交流，单一管钱扩大为管事、管人，全程监督已经成为寻常。

15 年前后陈村务监督改革时，陈忠武就是当时的村主任，也是被村监委监督的第一批对象。改革一路走来，陈忠武没有芒刺在背的感觉，反倒如释重负，"村监委像一座连心桥，一头连着村民，一头连着村委会，给群众一个明白，还干部一个清白，干群关系融洽了，乡里乡亲和谐了。"

深化发展推动治理现代化

15 年来，后陈村历经了 6 届村班子、20 余名村干部的更替，3 000 余万元的村庄建设投入以及 100 多户的农户新居动迁，实现了连续 15 年村干部"零违纪"、村务"零上访"、工程"零投诉"、不合规支出"零入账"。

15 年来，"后陈经验"从一村一地到全国各地，从质朴简易到规范权威，从财务监督到全面监督，从自发自治到民主法治，很好地契合了推进基层治理体系和治理能力现代化的历史趋势和发展规律，成为新时代乡村治理的生动实践和参照样本。

"后陈经验"通过构筑"制度的笼子"来遏制人的消极方面的因素，使"能人治村"的传统治理模式逐渐转变为"自治、法治、德治"相结合的现代治理方式。同时，从村监委的监督履职、村规民约的全面实施，形成了农村基层自我发现矛盾、内部化解矛盾的纠错机制，把问题矛盾解决在萌发状态，实现了民心在基层凝聚、资源在基层整合、问题在基层解决、服务在基层拓展。曾有专家指出，"'后陈经验'与'枫桥经验'一样，都花开浙江、香满全国，理应协调推进，使其相得益彰。"也有人形象地指出，"后陈经验"与"枫桥经验"是浙江省基层治理体系两个有力的"拳头"，一个着力于矛盾不发生，一个着力于纠纷的解决，一体两翼推进高水平的基层治理能力。

"后陈经验"的名声愈响，压力也愈大。后陈人不时被问、更经常自问：接下来该往何处发力？

十九大报告提出实施乡村振兴战略，让后陈人认清了努力的方向。"下一步还是要在实现'治理有效'，推动乡村振兴上做文章。"陈忠武谋划。

为保证监督不错位、不缺位、不越位，武义县建立完善了村务监督委员会规范化建设的实施意见等配套制度，从组织机构和职责、监督的内容和方式等4方面进一步细化规范村监委履职行为。

"管理村庄的办法都应当写进村规民约，这样才能把要我监督转变成我要监督。"曾任村监委主任的徐岳祥提议。由此，后陈村决定先行先试，在村规民约中新增村两委深化乡村治理机制的责任义务，以及村务监督委员会的具体履职方式，让民主监督通过这样一种形式成为全体村民的行动自觉，在潜移默化中引领社会风尚。

以深化完善村监委制度撬动乡村治理体系和治理能力的现代化，乡村振兴的未来更加可期。

陈忠武指着后陈村的规划沙盘说，村里已经规划了农事体验区、乡村休闲度假区等，接下来准备走农旅融合的新路子，进一步壮大村集体经济。

案例十： 重庆市荣昌区

以新时代"新风小院"建设
推动党建引领基层治理交互式和具象化

党的十九届四中全会要求，要健全党组织领导的自治、法治、德治相结合的城乡基层治理体系，实现政府治理和社会调节、居民自治良性互动，把更多资源下沉到基层，夯实基层社会治理基础。重庆市荣昌区以"良性互动、重心下沉"两个关键要素为着力点，以 10～20 户的传统院落为治理微网格，每年推动建设 100 余个"新风小院"，充分发挥党组织引领作用，完善交互式的基层民主协商制度，整合零散式的各类治理资金项目，有效解决"干部干、群众看"的治理困境，极大改善农村人居环境和基层治理效能，让党建引领基层社会治理成为群众看得见、摸得着的好事儿和实事儿。

党建引领增强小院向心力。把党组织的政治引领作用放在首位，让基层群众像石榴籽一样团结在党的周围。一是政治引领强统筹。荣昌区将组织、宣传、政法、民政、司法、住建、农业农村、规划资源等 8 个部门关于基层治理的工作要求、项目资金、工作力量等整合起来，联合下发新时代"新风小院"

建设总方案。制定党建引领、环境治理、三治融合等 7 大类、22 个具体指标，以百分制量化推进创建工作。把落实情况作为有关区级部门、各镇街基层党建工作年度考核的重要内容，形成全区党建引领基层治理"齐抓共管"的大格局。二是支部引领强堡垒。坚持党支部对基层治理的政治领导，把"新风小院"建设作为各村（含农村社区）党支部推动脱贫攻坚与乡村振兴有效衔接、组织宣传群众、优化基层治理、推动改革发展的"必修课"，从治理框架上确定党支部的领导地位和主体责任，确保群众自治始终在党的领导下进行，确保一切工作都是加强而不是削弱党在基层的领导力。三是党员引领强表率。"新风小院"建设中，要求各农家小院理事会等群众性自治组织中必须有党员加入，且在建设过程中党员要带头投资投劳，率先做好室内外环境、开展志愿服务活动、遵守法律法规和小院自治规定等工作，充分发挥党员的先锋模范作用，带领身边群众用双手共建美丽家园。党员发挥作用情况，纳入"百分百工程"计分范围，作为评先评优的重要依据。

交互协商赋予小院生命力。注重走群众路线，充分听取和吸纳群众意见建议，干群在交流互动中形成共识，群众参与变干部"独唱"为干群"合唱"，自治机制也从"管暂时"变为"管长久"。一是小院的事情小院定。镇村干部召开院坝会，就是否建设"新风小院"征求意见。若否定，则不强制推行；若认可，则需满足房屋内外整洁、关闭家禽养殖、拆除违章建筑等基本条件后，镇村再在道路修建、路灯安装、农房改造等项目上进行倾斜。对建设方案，则多次召开院坝会听取意见，不达成共识不推进。如，峰高街道在推进余家房子"新风小院"建设中，村民曾统友不同意在其墙面做手绘图，不同意将牌坊修在其大门一侧，经小院村民共同做通其工作后才施工。二是小院的管家小院出。每个"新风小院"推选 3～5 名有威望、有能力且愿意为院落服务的"管家"组成领导小组或理事会，推选 1 名院长（原则上由党员担任），负责院落的日常管理、政策宣传、民情收集反馈等工作。对涉及本院的重要事务，比如，"新风小院"的建设方案、公共设施的维修、扶贫帮困对象的确定等，由领导小组或理事会初议，提交群众大会讨论决定，增强群众主人翁精神。三是小院的管理小院做。共商共定"院规"，并根据群众遵守"院规"的情况进行表扬或批评，重构群众荣辱观。清江镇河中村制定评分细则，将群众遵规守纪、移风易俗等细化成分数，群众用积分可到"爱心超市"换取物品。万灵镇则利用信息化手段，开发"智村"APP，将积分发到群众的"智村"账户中，群众通过网上下单或便民服务中心自提等方式，将积分兑换成所需的生活用品，推动"院规"长管、管常。

丰富内涵提升小院承载力。聚焦党的中心工作，把"新风小院"建设成脱贫攻坚、乡村振兴的试验场，不断增强群众的获得感幸福感。一是建设智志双扶教育基地。开展"知党恩、感党恩"小院教育活动，组织脱贫先进典型到"新风小院"现身说法，给群众算收入账、政策账，教育引导群众听党话、感党恩。为贫困户设置公益性岗位，负责"新风小院"清洁维护、家居整理等工作，激发脱贫增收内生动力。二是打造产业振兴培训基地。开设"田间联盟"课堂，组织农服中心、畜牧站技术人员到"新风小院"开展生猪养殖、柑橘种植、水稻病虫害防治等技术培训，指导做好当前产业发展。组织本土返乡创业优秀青年，给群众面对面宣讲产业发展成功案例，调动群众参与、支持产业发展的积极性。吴家镇双流村每年举办莲花白评比大赛，推动了当地蔬菜产业发展。三是建设文明新风引领基地。围绕"树新风、展新貌、引新尚"等主题，每月开展1次"小院讲堂"活动，讲政策、讲故事，发出好声音，传递正能量。组织开展垃圾分类、衣橱收纳整理评比、全民健身运动会等系列活动，策划包粽子、小院团年会等"我们的节日"系列活动，在丰富小院群众精神文化生活的同时，让其他地方的群众产生"羡慕感"，主动要求参与到"新风小院"建设中来。四是打造法治乡村示范基地。每年开展法治宣传教育活动不少于2次，在"新风小院"营造浓厚的法治氛围。引导小院内德高望重的党员群众参与小院纠纷排查、矛盾化解等工作，力争"小事不出院，大事不出村"。

一院一策强化小院凝聚力。"新风小院"建设不搞"一刀切"，而是按照"一院一策"丰富小院内涵，注重用乡土文化、乡魂乡愁凝聚群众。组织小院群众广泛收集、深入挖掘当地历史文化、历史名人、产业变迁等图片、故事，共同总结"小院文化"，提炼"小院精神"，通过在院坝会中宣讲、在醒目位置展示，用文化浸润人，用精神激励人，极大增强村民的身份认同感和主人翁精神，为小院长治久安种下根，定下魂。如，荣隆镇玉久村八角井小院诞生过抗美援朝二级模范吕玉久，村民决定以"英雄小院"为建设主题，传承革命先辈无私奉献的伟大精神；广顺街道高瓷村被评为"全国民主法治示范村"，为更好巩固工作成果，决定建设"法治小院"，让村民在懂法守法中共享幸福生活；安富街道通安村三崇堂走出了多位成功人士，小院决定以"崇文、崇理、崇信"为内容建设"德韵小院"，着力传承优良家风。截至目前，全区112个"新风小院"已开展建设，其中以"自治"为主题的小院21个，以"法治"为主题的小院23个，以"德治"为主题的小院5个，以农业产业、乡风文明等其他为主题的小院 63 个，预计 2020 年年底前全部建成。

案例十一： 青海省互助县麻吉村

花海农庄溢满花香农趣

人在景中走，如在画中游。

沿着油嘴湾花海农庄的人行步道，一路向上，时而幽静，时而开阔。幽静处有小花与鸟鸣，开阔处可农耕体验。登临景区最高处，眺望远方，有苍茫的群山，金黄的菜田，还有绿树掩映中幸福的小村庄。

任臣义是油嘴湾花海农庄的负责人。他指着山下的村子说："那就是麻吉村，现在村里可是大变了样子，环境越来越美了，大家的收入也越来越高了。有的在农庄里务工，有的在村里开农家乐，除了老人和孩子外，几乎没有闲着的人。"

油嘴湾花海农庄就位于青海省互助县麻吉村，如今这里不仅成为了村里的支柱产业，而且还是城里人感受乡村文化、体会农趣农味的好去处。任臣义告诉记者，开园至今接待游客已经超过 7 万人，花海带动了村里 115 户农户入股经营，2018 年分红达到 30 万元。

油嘴湾火了，麻吉村富了。三年前，没有人想过村子背后的那片荒山还能有这么大的用处，没有人想过自己还能当老板在家门口赚到腰包鼓鼓，更没有人想过那个从村里走出去又回来的大学生有这么大的本事。

短短三年，麻吉村走出了一条产业振兴的宽阔大路。村里的党员、干部们都不由地感慨道，乡村振兴不就是我们麻吉村的样子嘛！有产业大家富，有环境住得美，有人才留得住，有问题不出村，文明新风看得见。

支部聚人心　铺稳产业路

而立之年，任臣义放弃了城市的一切，带着梦想回到了自己出生的村子。"这些年外面打拼，干的都是和文化旅游相关的事情。见识的越多，就越觉得农村真是一片值得开发的宝地。"任臣义说，"我开始琢磨，村子里的那片荒山要是能打造成花海农庄该多好，传统的土族文化拿出秀秀也不错，婶子们做点拿手的农家饭招待客人该多好。"

整个蓝图渐渐在任臣义的脑子里形成，回到村子后就是要把这些想法一一变成现实。任臣义首先要做的事情就是跟村"两委"商议，以花海农庄的名义把荒山荒坡全部流转过来。不过，事情总不遂人愿。荒山荒坡上零星分布着一些耕地，坡上坡下还堆放着柴草和杂物，一些村民对于干花海农庄的事很不赞成。

"当时一下子觉得自己有些天真，都是一个村子里的人，为什么不能互相支持一下。难道真的是我的想法错了?"回忆起当年的事情，任臣义说道，"我能理解大家对一个毛头小伙子的轻视。换作我，可能也不会轻易就同意。"一时间，任臣义突然感到孤立无援，原本丰富多彩的想法也黯淡了许多。

关键时刻，任臣义想到了村里的党支部。"村里人对党员们都很信任，要是支部的党员能帮忙，肯定事情会干得顺利。"任臣义告诉记者，当与村党支部书记李世新、村委会主任任大武聊完此事后，两位村干部果断答应了下来。接下来的半个多月，李世新和任大武就带着村里的党员、干部和任臣义，挨家挨户做工作。

"现在村里的年轻人都出去打工了，没有多少愿意回来的。臣义回来了，还想为村里干事情，我们应该鼓励，更应该支持。村背后的山坡要是真的变成了花海，以后可是大家增收致富的一条大路呀！"任大武说，"全体党员表示可以用党支部的名义来担保，让臣义放开手脚试一试，大家要全力支持。"

终于，大家的思想工作做通了，任臣义向着自己的梦想迈进了一大步。他在想，为什么李世新能说服大家，除了大家对支部书记的信任外，其实还有对党组织的信任。有组织在，大家愿意把心聚在一起，把劲儿使在一处。

人人都参与　户户能增收

沿着山路向上，原先的泥巴路已经全部改造成了水泥路，路两旁设置了一些小的摊位，村里的贫困群众可以申请在此做一些小本生意，销售一些自家种植的蔬菜、手工制作的粉条等特色产品。任卿友就是受益者之一。他告诉记者，从开园他就在这里卖饮料，游客多的时候，一天能挣到 200 多元，足够补贴家用了。

一边走，任臣义一边回忆创业的艰难。"城里人来了，除了玩，还要吃。"花海开始建设，任臣义就琢磨着如何解决游客的吃饭问题。"山上游花海，山下品农味。"任臣义说，"村里的婶子们要是办起农家乐，生意一定会火得不得了。"可是苦口婆心的任臣义最后只说服了 3 家，支起锅灶，开门迎客。

郭守琴的土乡人家就是村里最早开办的农家乐之一。"听了臣义的话，真是听对了。"郭守琴高兴地说，"2017 年 7 月，花海已开园，农家乐就来了客人。经营了不到 3 个月，净赚了 5 万元，全家人都沉浸在欢喜中。"于是，2018 年郭守琴把农家乐的规模扩大了一倍，又聘请了服务员，3 个月时间净赚了 8 万元。

如今，麻吉村油嘴湾花海农庄已经建成了集花卉观赏、农事体验、古窑洞文化体验、徒步健身、特色小吃为一体的生态休闲农庄，村里的农家乐已经从当初的 3 家发展到了 20 多家。郭守琴说："来这里的游客要是不提前预约，就很难品尝到我们的农家风味。"

打造花海农庄，最初的设想就是要通过发展产业来带动农民增收致富。园里园外都一样，如果说农家乐是间接带动的话，那么花海农庄还有一大批直接带动的农户。任大武说，花海农庄的乡村旅游产业已经成了村里人增收的大产业，2019 年全村人均可支配收入 9 200 元，其中 10% 就来自于花海农庄。

村民阿占芳是农庄的职工，而且还是"管理层"，主要负责农庄里的油坊、粉条坊、小吃坊、酸奶坊、跑马场等，每个月可以领到 3 000 元的工资。不仅如此，他在农庄还有股份，年底还可以享受分红。他告诉记者："以前种庄稼，外出务工，现在家门口就能把钱挣。看着村子里这几年的变化，心里感觉很舒畅。"

吸纳新元素　产业后劲足

产业虽然做得好，可要是人的素质跟不上，也会拖后腿。最初，为了能很好地解决这个问题，任臣义向村里提议开办"农民夜校"，邀请知名民营企业家、旅游经营管理人才、致富带头人等，讲授休闲农业、乡村旅游、农家乐经营管理、文化创意、宣传营销、农产品加工包装与销售等内容，为大家打开了解外界的一扇门。

渐渐地，村里人的思想观念有了很大的转变。阿占芳也上过"农民夜校"。他说："以前咱们不懂城里人，现在就喜欢和他们聊，从他们身上能学到很多新的东西，对咱自己也是一种改变。现在我管理的小吃坊、粉条坊、油坊，不仅要做出农村的味道，更要懂得城里人的口味。"

这几年，城里来的、外地来的游客越来越多。村"两委"

和农庄最忧心的事就是村民尤其是经营户一些不文明的行为给游客带来不便，给村里名誉带来损害。为此，村"两委"联合农庄，每周一早晨都会召集农家乐、小摊经营户等进行集中培训，包括环境食品卫生、文明礼仪、服务质量等。

李世新说："游客们是来给咱们送钱的，大家要笑脸相迎。现在村子不仅是省上乡村振兴的试点示范村、乡村旅游的示范村，还是全国乡村旅游重点村。这些牌子来之不易，我们要把它擦亮，必须保持农村人淳朴、热情的本色，自觉讲卫生、除陋习，养成健康文明的生活习惯。"

为此，村"两委"还通过"一名党员一面旗"等活动，充分发挥党员干部的先锋模范作用，带头自觉抵制不良风气，用群众舆论、群众评价的力量褒扬乡村新风。同时，村里还建立起了网格化管理制度，将全村划分为7个网格，每个网格都有一名村小组组长负责具体管理，目的就是要让问题与矛盾第一时间得到解决，让乡村新风吹到每一个角落。

花海农庄也在积极倡导文明乡风，不过他们有另外一种方式。这段时间，土族原生态歌舞剧《塔拉之约》正在花海农庄上演，让文明乡村融入传统文化，再散播开来。任臣义说："文化的东西最有感召力。农庄还通过举办文化旅游节、美食节、年货节等活动，让村民们参与进来。产业发展要吸纳新元素，后劲才会足。"

案例十二： 湖南省双牌县桐子坳村

从贫困村到旅游名村

金秋十月，走进湖南省双牌县桐子坳村，二百多棵金黄色叶子的古银杏树吸引了四面八方的游客前来观光旅游，一条干净的旅游公路蜿蜒穿行，一幢幢清新典雅的民居掩映在青山丛林之间，"遍地尽是黄金甲"的美景显现在人们面前。

近年来，桐子坳村大力实施生态文明建设，发展乡村旅游，鼓起了村民钱袋子，2019年，村民人均年收入达到1.28万元，村集体收入达到49.6万元，成为远近闻名的旅游名村。该村获得了"全国生态文化村、美丽中国城市乡村、国家AAAA级景区、全国乡村旅游重点村、湖南省文明村、湖南省美丽乡村示范村、湖南省旅游名村"等荣誉称号。

8年前，村里垃圾遍地、破旧脏乱，村民靠卖土特产或外出打工维持生计，人均年收入只有2000多元，是湖南省有名的贫困村。桐子坳村党支部书记蒋志群说。

穷则思变。桐子坳村党支部认为：乡村振兴、脱贫攻坚应从本村丰富的自然资源入手，坚持"一手抓扶贫，一手抓旅游"两手抓，通过引导贫困群众参与旅游开发，走上脱贫致富的道路。

桐子坳村共有大小银杏树3000余棵，其中，百年以上的古银杏树有218棵，此外还拥有天子山600多公顷的原始次生林，生态条件得天独厚。

"10多年前，移植大树进城风波成就了很多富人、富裕村，但我们桐子坳村的大树和古树没有被挖走一棵。2008年，有很多外地老板来我们村买古银杏树，大家竟然全部统一意见，一棵都不卖。"原村党支部书记蒋赛先回忆说。全村人都不被眼前的利益所迷惑，才留下了桐子坳村丰富的森林资源。

从2014年开始，村里在县委、县政府的帮助下，先后引进阳明开发公司、县农旅发展有限公司，对村里的土地和古银杏树进行流转，流转土地280亩、古银杏树218棵。并聘请湖南师范大学规划部门专家拿出了村里旅游总体发展规划，使旅游业开发迈入科学化轨道。

村党支部采取"公司＋旅游＋农户"模式，带动贫困户土地、古银杏树及劳动力等生产资源入股分红，引导贫困户办农家乐、办民宿、卖土特产、在景区务工等，2019 全村 43 户贫困户、177 名贫困人口全部脱贫。

全村大力发展集体经济，从门票收入、古银杏树管护、土地流转、旅游服务、土特产开发、劳务所得等方面创新增收渠道，2019 年实现旅游服务 55.6 万人次，创集体经济收入 49.6 万元。村集体的"钱袋子"鼓了，村民们可以领薪金，还分股息，村里五保户都有了保障，全体村民共同奔向全面小康社会。

富起来的桐子坳村，没有停歇。如今，村里大力发展文化教育医疗卫生事业，积极培育乡风文明，丰富群众的精神食粮，传承红色基因，发展红色旅游，朝着更高的目标迈进。

案例十三： 湖北省阳新县洋港镇泉口村

家家有门路　人人有事做　无一户返贫

锄草清园、开沟排渍……雨后的阳新县洋港镇泉口村马鞍山油茶基地，一派繁忙，16 名村民在山岭间忙碌着。

贫困户陈前节背着喷雾器，在认真地喷洒"除草剂"，为油茶树打药防治病虫害。陈前节夫妇已在油茶基地务工 20 多天，每天收入 280 元。他家是 2017 年脱贫户，为了防止返贫，村里安排他夫妇俩到油茶合作社务工，有一份固定的收入。

泉口村地处鄂赣边界，村民过去以外出务工为主。近几年来，该村"两委"大力发展扶贫产业，以产业带动脱贫，先后办起了花菇基地、油茶基地和万春洞旅游，带动本村和周边村组的劳动力就业，同时介绍一批能人外出打工，以务工增加收入。2018年，该村整体脱贫出列。

2020年出现突如其来的新冠肺炎疫情，给泉口村经济发展带来了严重打击，花菇滞销，景点封闭……对此，村支书陈迪强和村"两委"一班人，一方面利用"互联网＋"等电商平台，积极推销花菇等农副产品，另一方面千方百计带动扶贫产业复工复产，村里所有产业基地优先安排贫困户就业，让贫困户有事做，有固定收入，防止贫困户因疫返贫。

据村支书陈迪强介绍，全村有贫困户49户165人，除了8户劳动力到深圳、温州打工，其余41户的劳动力全部在本村扶贫产业基地务工，依靠务工增加收入，实现"家门口就业"。泉口村家家有门路、人人有事做，无一户出现返贫。

案例十四：新疆维吾尔自治区喀什市莎车县恰尔巴格乡古勒巴格村

增收致富有"三招"

眼下，正是莎车县恰尔巴格乡古勒巴格村拱棚土豆管理的关键时期，这几天，村民们忙着对拱棚土豆进行插秧、除草、施肥等管理，再过半个月土豆就成熟了，将被统一销售出去。

古勒巴格村是深度贫困村，过去，主要种植小麦、玉米、棉花等作物，经济效益不高。

"古勒巴格村人多地少，人均耕地只有1亩多。因为种植分散、规模小，再加上管理不到位，无论是传统作物还是经济作物收益都不好。"国网喀什供电公司驻古勒巴格村"访惠聚"工作队副队长买买提尼亚孜·玉苏甫说。

为了提高土地利用率，2019年，工作队和村"两委"经过调研，与村民协商，开始尝试土地流转，引导村民去掉户与户之间的田埂，将小块田整合成大田，由村里的致富带头人成立种植合作社，统一种植拱棚蔬菜。

通过土地流转、成立蔬菜种植合作社等举措，村里整合出近500亩土地。2020年，460亩流转土地种上了土豆。

村民阿尔孜古丽·图尔孙是建档立卡贫困户，过去一家4口仅靠6亩地种植传统作物，年收入只有4 000多元。2019年村里成立合作社后，她把自家的土地全部承包给合作社，又去合作社就业，不仅学到了拱棚种植技术，还有了稳定的收入。

该村32位贫困村民流转土地后，在合作社实现了就业增收。买买提尼亚孜说："合作社的成立，一方面把农民从土地里解放了出来，另一方面解决了无法外出务工人员的就业问题。"

实施规模化统一管理后，村里的拱棚土豆长势良好。"再过半个月就可以上市销售，然后再种植水果玉米等经济作物，一年下来可以种植三茬，土地的效益明显提升。"买买提尼亚孜说。

为了让村民安心就业，2019年7月，国网喀什供电公司自筹资金50万元，在村里建起了养殖合作社，村民把自家的羊托管到合作社进行集中饲养，年底拿分红，2020年合作社共有450只羊，不仅解了村民家里有牲畜而无法外出务工的后顾之忧，还为4位贫困村民解决了就业问题。2020年4月中旬，工作队又自筹资金对养殖小区进行扩建，建成后增加存栏500只羊，可以让更多的贫困户增收。

流转土地、成立合作社、搞特色种植养殖，"三招"齐下，让古勒巴格村的增收渠道越来越宽广。

案例十五：四川省甘孜州稻城县木拉乡麻格同村

入选世界旅游减贫案例　这个高原村寨热闹了

2020 年 11 月 1 日，甘孜州稻城县木拉乡麻格同村，一辆旅游大巴缓缓驶入，静谧的高原村寨一下热闹起来。

近日发布的"世界旅游联盟旅游减贫案例 100"，麻格同村位列其中。这个距离县城 110 公里、只有 43 户人家的村子，走上旅游扶贫之路。

"我们这里，旅游资源独特。"村第一书记仁青泽仁介绍，这里可以欣赏到川西高原独有的地质地貌和自然风光，山上走 5 公里左右，就能尽览稻城亚丁的仙乃日、央迈勇、夏诺多吉 3 座雪山，吸引不少人来此拍照打卡。

在驻村干部王雷看来，麻格同村处于稻城亚丁景区的主要区域内，可以作为辅助景点，为亚丁景区分流。"稻城县旅游目前来看较为集中，亚丁之外的其他地方开发出来，客流是不用愁的。"麻格同村距离香格里拉镇只有 20 多公里，到稻城的自驾游客完全可以开车来继续体验高原风光。

结对帮扶麻格同村的是四川省旅游投资集团。背靠这棵"大树"，村寨里里外外悄然"变脸"。

首先在村容村貌上下功夫。王雷介绍，他们按照每户 5 000 元的补贴标准，将村民房屋统一装修打造成藏式风格。驻村工作队还鼓励村民种树，改善村内环境，种树成活率在 80% 以上，按照每棵树 20 元进行补助。

环境好了，游客多了，村里的土特产也有了销路。"以前挖虫草、采松茸，不晓得咋个卖，现在直接包装好送到城里。"

建档立卡贫困户拥珍告诉记者，村里跟四川云端达商贸有限公司组建成立合作社，自己每年采的虫草、松茸能卖几万元。2019年9月，村民洛绒次增在驻村工作队的帮助下，开起了民宿，一年挣了5 000多元。

稻城县也入选了此次"旅游减贫案例100"。稻城县相关负责人介绍，近年来，该县依托亚丁5A级景区创建，持续推进次级景区景点开发和景观廊道打造，成功创建"全域旅游扶贫示范县"；按照"一镇一特色"思路，创建金珠镇、香格里拉镇等2个"特色旅游小镇"；投资1 500万元，建设所冲、省母等13个"旅游扶贫示范村"，全域全景旅游格局初步形成。

案例十六： 山西省忻州市忻府区北合索村

乡村旅游成为经济发展新引擎

北合索村距离忻州市8公里，交通便利，风景优美，2013年荣获山西省休闲农业与乡村旅游示范点，2015年被评为中国最美乡村，2016年被评为山西省四星级休闲农业示范村。

"水上微波动，林前媚景通。"近年来，北合索村全力发展乡村旅游，从过去"土里刨食"的穷村，成为现在远近闻名的"桃花源"。每逢小长假，北合索村都会成为周边市民乡村旅游目的地。

温泉度假"养生游"

2011年，北合索村在村委会主任段丑亭带领下，依次建起32个室外养生池，5座水冲式星级厕所、国标游泳池、儿童游泳池、特色农家餐厅、民俗农家乐、土特产品展厅、游客接待中心等基础项目；2016年，经党支部村委会提议，村民代表一致通过，90%村民自愿入股发展乡村旅游，极大地带动了村民共同富裕之路。

如今，北合索村新建室内生态馆、水上冲浪等项目深受游客青睐，成为集吃、住、行、游、购、娱等多元化乡村旅游度假区。

截至目前，温泉度假区先后接待了澳大利亚、加拿大、韩国等 13 个国家的农业官员考察调研，以及上海、新疆、香港等 2.1 万人次前来参观学习。另据统计，该村每年接待游客达 40 万人次，有力地促进了乡村旅游的发展。

生态环保"采摘游"

北合索村以温室大棚为载体，组建现代设施农业园区，经过多年的探索发展，尤其是忻府区富村园农业专业合作社和忻州市天天鲜蔬菜仓储有限公司已经成为当地经济的新引擎。

与此同时，北合索村实施"农业合作社＋基地＋种植户"的融合发展理念，先后建起 1 000 亩下凹式节能温室大棚、100 座富硒西瓜采摘园、配套 1 000 平方米保鲜库、3 034 平方米育苗车间，种植富硒香瓜、葡萄、草莓等多种绿色瓜菜，成为市民观光休闲采摘园区。早在 2010 年，该村富村园农业专业合作社被农业部授予全国农民专业合作优秀示范社。

美丽乡村"幸福游"

为振兴乡村经济，发展乡村旅游，北合索村党支部、村委会利用村民的旧宅基地，进行美丽乡村建设，目前集中建成 13 栋 764 套楼房，并利用地热资源集中供暖，温泉水送到各家各户，有线电视、网络、社区卫生院、超市等基础设施完善，成为忻州市新农村建设示范村。

如今，北合索村以打造"康养北合"为契机，着力构建乡村旅游新业态，全力培育"温泉养生游""运动娱乐游""休闲度假游"三大特色项目，进一步完善基础设施，大力提升人居环境，为振兴美丽乡村建设不懈努力着。

案例十七：宁夏回族自治区彭阳县白阳镇白岔村

林草产业让彭阳县白岔村"一地生四金"

2020年6月6日，彭阳县白阳镇白岔村千亩芍药基地几百万株芍药花开正艳，一朵朵、一簇簇，花香四溢，让人赏心悦目。

近年来，彭阳县围绕决胜脱贫攻坚战，把"四个一"林草产业作为"一号工程"，在整流域、整县域示范推广，实施"林草产业＋"行动，突出关联产业融合，持续提高生态建设的经济效益。

党支部书记王志权介绍，白岔村紧扣"绿水青山就是金山银山"的精神，以乡村振兴为契机，以生态建设为根本，以脱贫富民为目标，持续深化"两个带头人"作用，采取"村集体＋致富带头人＋基地"的模式。村集体集中流转机修农田3 000亩，建立张杂谷基地，该基地可解放农村劳动力230个，提供稳定就业岗位60余个，带动群众种植张杂谷500亩。村集体合作社集中种植芍药400亩，带动农户种植600亩，芍药3年后预计亩收入达10 000元。高标准打造矮砧密植苹果栽植示范园200亩，带动农户发展庭院红梅杏和苹果近1 000亩，进一步拓宽了农民增收渠道，实现了产业升级、生态提升和农民增收的有效结合。在加快农业产业结构调整和规模化经营的进程中，白岔村形成了流转土地收租金、下地务工挣薪金、集体管理收酬金、致富带头人赚现金"一地生四金"的发展模式。

"进入盛果期，预计每亩可产鲜果3 000公斤左右，每公斤平均按6元计算，亩收入可达1.8万元，纯利润亩均为

7 300 元，白岔村 200 亩苹果年收入就是 360 万元。"白岔村党支部书记王志权满怀期待地说。

案例十八：辽宁省盖州市河南村

致富能手当村官　率领乡亲奔小康

半年前，他是河南村远近闻名的致富能手，每天想的都是怎么继续壮大产业；半年后，他成了村里的"大管家"，每天研究的都是怎么才能带动全村人致富奔小康。他就是盖州市太阳升街道办事处河南村村委会主任孙戈。

有人说他傻，放着赚钱的买卖不做，非要往村里搭钱，费力不讨好。孙戈告诉记者，自从半年前走上村主任岗位那一刻起，他就做好了为家乡这片热土挥洒汗水、发挥才能的准备。他说："这半年里，我重新认识了家乡，也重新认识了自己，参与家乡的改造建设，让我的人生更有意义、更有价值。"

村民眼里的热心肠

2020 年 5 月 27 日，记者来到河南村时恰逢一场大雨。在村部等候许久，才见到撑伞归来却已半身湿透的孙戈。"这阵雨来得急，不去村里转转不放心……"话虽不多，却句句朴实。

"要不是小孙帮忙盯着，这几场雨啊，非把我家的苗圃冲毁了。"见到记者来采访，村民周万贵抢着说。河南村地处河道下游，进入汛期后，孙戈每天都要来回巡视，生怕雨水漫灌，冲了村里的庄稼和大棚，"头天夜里，小孙连夜加高了河坝，不然，我家的苗圃就得被冲下来的雨水泡塌，之前的心血就都白费了……"

"他当村干部不为名也不为利，就是实实在在地为咱谋福利，把村里的事情做好。"这是村民们对孙戈的评价。为何短短半年时间里，孙戈就获得了如此高的评价？这还得从河南村两委班子换届说起。

2019年底，河南村面临两委班子人员空缺的状况。为尽快给村里物色新的"接班人"，街道办事处党委班子成员多次到村里走访调查，村里的老党员、德高望重的老村民推荐的人选，几乎都是孙戈。40出头的孙戈做事认真、踏实肯干、热忱待人，谁家有个大事小情，他能伸手就伸手，"这个后生心眼儿好，让他干，保准错不了！"

乡亲们的信任让孙戈既感动又忐忑，这些年，他经营洗车场、农家乐、大包桌，做买卖算是一把好手。当村官，他从来没想过。

2019年12月，村里换届，孙戈以超九成的支持率，高票当选村委会主任。

"既然大家信得过我，我一定努力，不辜负上级党委政府和村民们的期望。"上任伊始，一切工作对孙戈来说都是新的开始。他抓住每一次机会，虚心向乡镇干部学习。上任不久，就制定了全新的村民公约，建立了微信群。从那时起，他几乎没了周末和节假日，值班、走访、报表是常态，村里事无巨细，每一处他都要走到位、干到边，才放心。短短几个月时间，孙戈对各项扶贫政策、各类基础数据已经"一口清"。

抗疫工作的排头兵

2020年春节，新冠肺炎疫情席卷全国，彼时，孙戈刚刚上任一个月。面对疫情防控工作带来的巨大考验，他表现出了沉稳果断的"大将风度"。

"河南村属于城乡结合部，管理难度大，决不能留防控死角。"针对辖区两个弃管小区，孙戈组织人员将各通道用木桩绑结成的篱笆墙或废旧汽车"全封闭"地阻隔起来，仅留的两个通道，安排了志愿者每天 24 小时 3 班倒、每个班 2 至 4 人轮流值守。为了协助办事处开展好疫情防控工作，孙戈把自己的好经验、好做法毫无保留地介绍给周边其他村。风雪中，他双手冻得僵硬，仍在彩板房外坚守管控点不肯离开；深夜里，他依旧在值守点，耐心查询出入人员及车辆，苦口婆心地劝导外来人员返回。

回忆起那段日子，孙戈的爱人对记者说："那时候，他基本吃住都在村部，偶尔回趟家，也是累得坐在椅子上一动也不想动。一个月下来，人整整瘦了一大圈儿。"

在榜样力量的带动下，乡亲们通过各种方式，积极支援抗疫战斗：有的捐款捐物，有的报名加入到志愿者队伍中参与疫情防控，有的自发为值班的志愿者和村干部送来热腾腾的饭菜。大家的关心和支持，让这个乐观坚强的汉子掉下眼泪，"有这么坚实的力量做后盾，我有什么理由不继续好好干下去呢？"

乡村建设的领头雁

随着企业陆续复工复产，出现了"用工荒"，河南村的几家规模以上企业，都陷入了有订单但缺少生产工人的窘境。孙戈看在眼里，急在心上，"眼下最重要的工作，就是解决企业'招工难'问题，确保企业顺利复工复产。"

中心机械厂是盖州市重点企业，刚刚恢复生产时，同样面临用工短缺情况。孙戈得知后，立即动员部署村两委、部分党员和志愿者到各家各户宣传动员，召集务工人员。第一次动员效果并不理想，村民们有顾虑，对特殊时期外出工作有畏难情绪。孙戈与村两委班子商量，让党员、村干部家属率先报名，做好示范带动作用。随后，孙戈进行再动员，挨家挨户告知，企业防护措施齐全，每天都会对车间消毒，为员工测量体温、发放工作服和口罩等，消除村民顾虑。在孙戈和村两委干部的共同努力下，该村在最短时间内向企业输送 3 批次近 30 名员工。孙戈还联系安排了通勤车，给所有准备去企业上班的村民发放了口罩。"新员工的到来，给企业提供了很大帮助，大大缓解了企业用工压力。"中心机械厂总经理王玉博对此表示由衷的感谢。

早在上任之初，孙戈就憧憬着要把河南村建成风景如画的美丽乡村。待到春暖花开，孙戈立即着手落实。改善村容村貌，首先要清理随意倾倒的垃圾和沉积杂物的河沟。孙戈跑遍村里的每一个角落，摸排统计需要集中清理的点位，核算下来，想把长期堆积的垃圾清理完毕，至少要五六万元。村里账上没有钱，孙戈就自掏腰包，垫付资金，雇来工人和车辆，一个点位一个点位地清理。铲车、金刚车往复运转，一堆堆垃圾、淤泥被清走，一条条河道被清理干净……

看到沉积已久的垃圾被清走了，乡亲们说："村里费这么大力气给咱改善环境，咱们自己也不能掉链子!"很多村民自觉拿起扫把，清理房前屋后垃圾，积极参与河道沟渠、街道的清理工作，生活垃圾自觉投到村回收点，摒弃了往河道沟渠倒垃圾的多年陋习，美丽乡村建设的雏形正在百姓生活的点滴变化中逐渐凸显。

父老乡亲的贴心人

为了更好地服务百姓，孙戈挨家挨户走访，了解村民的实际情况和对村里发展的期盼，一条一条仔仔细细记在本子上。

有几户村民因家门口的路灯年久破损，夜间出行困难。孙戈得知后，立即协调解决，最终在办事处的帮助下，为村民更换了路灯和电线，解决了出行难题。看着明亮的路灯，村民们高兴地说："有了新路灯，我们心里也亮堂多了。"

村民于学伟患癌症，孙戈主动对接办事处民政办，为其争取了 2 000 元临时救助金。村民迟耀福家门前有一个废弃的垃圾倾倒点，夏天到了，臭味难闻。孙戈找来垃圾车，清理了垃圾堆。村民王昌满、吕敏权家的农产品滞销，孙戈制作小视频发到微信朋友圈里，帮助宣传销售……

通过开展各项工作，孙戈和村民密切了感情、建立了信任，大家都愿意把心里话说给他听。走在村里，只要碰到孙戈，村民都会主动招呼："村长，有空来家里坐坐……"

美好蓝图的描绘者

在孙戈的工作笔记上，记者看到他加了特殊标记的几个关键词——助农贷款、建桥、民宿旅游……

孙戈逐一为记者解释："村里有几家种植户的种植规模可以继续扩大，可是资金有限。2019 年起，我就开始帮他们申办助农贷款了。希望通过几个种植大户的示范带动作用，形成辖区规模化产业，打造有本村特色的农业产业。"

"村里的建设离不开路和桥。村里有河道，一些企业员工上下班都得绕远通行。经多次协调沟通，一家爱心企业计划投资 20 万元，在今年为村里建一座跨河桥，方便群众出行。"

"至于民宿旅游，我是这么规划的，今年在原有的农家乐基础上继续扩大规模，在周边建设采摘大棚，形成游玩、采摘、品尝农家菜一条龙的旅游模式。这样，不仅丰富了我们村的特色产业，增加了经济效益，也可以带动一部分村民就业……"

现在，对于孙戈来说，"村主任"已不是一个光鲜亮丽的称呼，而是一副沉甸甸的责任担子。半年来，他用真情与实干，将自己与河南村紧紧连在一起。他常说："这些日子里，我从想干不会干，到边想边干，再到敢想敢干，收获很多。总之，只有苦干实干，才会得到群众信赖。"

案例十九： 天津市宁河区芦台镇大艇村

让村庄变得更美更宜居

走进天津市宁河区芦台镇大艇村，到处都是环境提升改造的施工场景。

以前，由于村庄面积较大、人口较多，加之长期以来村庄疏于管理，使全村环境面貌相对滞后。近日，在村两委班子的带领下，一场村庄环境整治战役全面打响，拆除违建、铺设花砖、栽植树木，百姓对美好环境的新期待正在逐渐变为现实。

"村庄正在一天天变好，我特别想看到村庄变美的样子。"村民王洪常欣喜地说。

自全区农村人居环境整治"百日大会战"全面打响以来，大艇村以拆违、治水并重，全力打造百姓满意的美丽家园。要彻底改变村庄面貌，村内违建和坑塘沟渠是重中之重，大艇村两委班子决定先拆违再治水，将村庄的"底子"打好。目前，大艇村216处违建已全部拆除，6个臭水坑也治理完成。"改变了原有的臭水池，水也清了，味儿也没了。"村民李瑞对村里环境整治行动表示满意。

这个村还计划对环村沟渠进行清淤，目前已将沟渠两边进行插网拦截，为下一步清淤做准备。村党总支副书记杨瑞杰告诉记者，"按照环境整治'百日大战'的工作要求，为美化环境，在治理黑臭水体的基础上，村里规划建设一座面积为20亩的水上公园，预计8月底完工。"

据了解，大艇村污水管网和污水处理系统正在加紧施工，预计7月15日完工。同时，"六坑一体"水上公园与绿化美化宜居工程也在同步实施，村庄已栽种各种观赏树3 200余棵，美化绿化了村庄环境。

"我们将按照'百日大会战'要求,绿化美化环境,将已经拦网的沟渠清理干净。之后,我村将建立长效管理机制,实施两委班子分片管理,维护村庄环境,让我们的村庄变得更美、更宜居。"芦台镇大艇村党总支书记村委会主任李凤杰表示。

案例二十: 上海市浦东新区康桥镇怡园村

从散乱荒地变成"希望田野"!

"我们的家乡,在希望的田野上,

炊烟在新建的住房上飘荡,

小河在美丽的村庄旁流淌……"

2020年6月21日,这首脍炙人口的经典老歌在康桥镇怡园村的田头唱响。田地里,农机手驾驶着插秧机,种下一排排整齐的秧苗。

"这才是农村田野应该有的样子。"路过的村民刘阿姨说。

在此之前,怡园村的部分田地因为缺乏管理,出现了一系列乱象——有的散乱零星种植、有的堆放陈年垃圾、有的甚至还搭建了窝棚,不仅没有经济效益,还影响村容村貌。

为改变这一局面,怡园村探索农村集体土地管理新模式,由村经济合作社出面、党员干部带头,统一收回100余亩村民各自种植的"散乱荒地",交给农业大户、种植能手统一种植水稻,并由村民共同参与管理和监督,产生的收益归村经济合作社全体成员。

想法随即转化成行动。首先,怡园村拆除了49个各类田间窝棚和大棚,随后又铺设了9 000米的架空电线,增设了17只抽水泵,铺设机耕道路12段约2 400米。

各项农业设施配套到位，昔日脏乱的荒地变成了大片平整的稻田。

6月21日，几位种植能手分工协作，有人驾驶插秧机，有人则配合着准备好一盆盆秧苗……青葱秧苗一排排、一列列，预示着金秋十月丰收的希望，也展现出农民们探索增收新路子的美好憧憬。

"这样的模式不仅提高了水稻种植效率和质量，促进农民增收，还同步加强了集体土地管理，提升农村环境整体面貌，是一件一举多得的好事情。"怡园村村党支部书记曹峰说。

上海是一个超大城市，超大城市的郊区农村，在快速城镇化推进和外来人口涌入的过程中，如何因地制宜落实乡村振兴战略，如何引领集体经济的发展壮大，同时加强集体土地管理和村民自治？怡园村这次尝试，正是为了探索这些问题。

"金秋十月，当100多亩水稻田迎来丰收，那时我们就可以享用美味的怡园大米了。"曹峰说。

案例二十一：河北省永清县刘街乡土楼胜利村

旧宅复垦地生金　鲜花产业惠村民

早就听说河北省永清县有一个村子，通过新民居建设节约出大量的土地，然后通过村庄旧址复垦，实现了土地增效、农民增收。

旧宅地复垦　穷土楼华丽转身

一走进土楼胜利村鲜花产业园，火鹤、凤梨花、仙客来、海棠、蝴蝶兰……各种花卉争奇斗艳，吸引着众多游客和经销商前来参观采购。

在河北香菊连栋温室大棚里，种植的西瓜进入收获期，再过十来天，就准备倒茬定植河北香菊花了。

谁能想到，鲜花产业园和河北香菊大棚所占的土地，原来并不是耕地，而是村庄旧址的宅基地。"鲜花产业园220亩，加上河北香菊大棚230亩，共占地450亩。"土楼胜利村党支部书记、村委会主任孙磊告诉记者，旧宅复垦出的土地，为村里发展富民产业提供了有效的土地资源保障。

永清县自然资源和规划局土地利用科科长李贵金表示，村庄旧址复垦意义重大，通过复垦的方式新增了耕地370亩，可用作农业耕作。"将原来村庄450亩破旧的房屋进行拆旧复垦，共整理出耕地370亩，其他农用地80亩，然后在旧村址北侧重新选址80亩土地建设新民居工程328户，家家户户都是二层别墅。"

"复垦是新农村建设中的一项重点工作，又是难点。我们督促施工方严格按照复垦方案来进行施工。此外，为土地平整、田间工程配套、土壤改良等方面提供技术指导，确保高标准、高质量完成项目复垦。"李贵金介绍说。

眼前的土楼胜利村，成排的温室大棚，宽阔的柏油路，绿树掩映的乡间别墅，一望无际的苜蓿园，一派田园小镇的风貌。可在几年前，土楼胜利村村容村貌破烂不堪，是永清县最穷的"穷土楼"。

作为新民居建设、村庄旧址复垦的亲历者，土楼胜利村党支部委员刘秀岭感慨万千，"以前村民居住比较分散，宅基地占据了大量土地，村里没有像样的产业，村民们靠种地为生，一年忙到头，挣不了几个钱。"

新民居建设、村庄旧址复垦成效很大——不仅让村民家家户户住上了小别墅，而且村里"凭空"多出了370亩耕地。这对于土里刨食的农民来说，是一笔莫大的财富。

菊香迎客来　村民踏上致富路

虽然住上了小别墅，但是如何提高村民收入，让群众增收致富？村"两委"商量后认为，整齐划一的土地，适合集中流转、统一耕种，必须发展高附加值的现代农业。

于是，村里公开招标，廊坊远村农业开发有限公司以最高的流转价格，竞得旧宅复垦后 450 亩土地的经营权。

在旧宅复垦地上，远村农业开发公司启动了"河北香菊"种植和加工项目。每年采菊季节，大棚里洁白的香菊，散发着淡淡的清香。采摘下的香菊经烘干、封装做成菊花茶，销售到全国各地。

"6 月中旬，就开始定植河北香菊花，既可赏花、又可药食两用，这可是河北省农林科学院马占元研究员历经 10 余年培育的国家专利新品种呢！"孙磊说，"我们买断了'河北香菊'新品种的种植和加工专利，建起 230 亩高标准智能化日光温室大棚，投资 3 000 万元建设加工车间。如今，该项目年销售收入 5 000 万元，解决剩余劳动力 200 余人，一个月都能挣3 000 多块钱，有点技术的员工能挣 4 000 多块钱。"

"我现在每年能有两份收入，一是流转土地后的租金，二是在村里企业务工的薪金。"从农民到产业工人，村民褚俊芝一脸幸福，以前外出打工照顾不了家，现在不出村就可以把钱挣到手。

近年来，永清县发挥毗邻京津的区位优势，通过产业引导、搭建平台、政策扶持等举措，成为北京鲜花产业疏解承接地。土楼胜利村已建成高标准鲜花温室大棚 74 个，成为远近闻名的鲜花产地，鲜花种植户很多都是从北京迁过来的。

安徽人万苹嫁到北京大兴，从事花卉种植多年，此次承包了 3 个大棚。"这里的租金比北京便宜很多，我们的鲜花主要批发给内蒙古、东三省、北京的客户，用作城市园林景观。"万苹说。

"承租花棚的前提是必须吸纳村里一名劳动力。"孙磊解释说。万苹接过话茬：一个花棚面积是 1 000 平方米，盆花就有1.8 万盆，再加上小苗 2 万盆，棚里的活肯定忙不过来，雇了村里一个长期工和两三个零工，浇水、施肥、掐枝、套花等，每天工资是 80 块钱。

"如果没有村庄旧址复垦，就没有廊坊远村现代农业园区；如果没有廊坊远村现代农业园区，就没有土楼胜利村的今天。"孙磊感慨道。

经过几年的发展，廊坊远村现代农业园区已经成为省级现代农业园区，入驻了永清县胜利养殖有限公司、廊坊远村农业开发有限公司、中苋草业（深圳）公司、廊坊月亮海草原旅游服务公司等企业，形成了生猪养殖加工、花卉蔬菜种植、香菊和菊王茶加工、紫花苜蓿种植及饲料加工、乡村休闲旅游等主导产业，解决了土楼胜利村及周边村民的就业问题。

2019 年，土楼胜利村村民人均收入达到 2 万元，大家伙奔小康的劲头越来越足。

案例二十二： 陕西省蒲城县孙镇黎起村

"老百姓认可，比什么都值"

"刘书记，在你的推动下，咱村的巷道动工修建了，饮水安全了，我的威信也跟着又提升了一个高度，哈哈……"2020年 6 月 16 日，蒲城县孙镇黎起村党支部委员刘跃升，带着一贯的爽朗，来到黎起村第一书记刘少平办公室"炫耀"。

黎起村位于蒲城县东南塬区，曾是一个集体经济基础弱、底子薄、发展滞后的落后村。2019 年 8 月，省委组织部选派的省政府研究室工交处处长刘少平到黎起村担任第一书记后，强党建、带队伍，搭平台、抓产业，访民意、解民忧，使这个落后村村容村貌整洁有序，产业发展大力推进，村两委班子战斗力不断提升。这让刘跃升等村干部很是"得意"。

"产业壮实了，致富根才能扎得深。"刘少平介绍说，村班子建强后，坚持长效机制与短期效益相结合发展产业，成为他的工作重心。他们抓村级光伏电站运营，为 36 户贫困户年户均增收 2 600 元；改进"共产党员先锋号"农机运营方式，每年为村集体上交 8 000 元承包费；"党支部＋"农业设施大棚，为村上贫困户每户分红 2 000 元。通过一系列帮扶措施，全村贫困户年人均收入达到 7 800 多元。

2019 年，镇党委决定建立扶贫产业园，刘少平敏锐地感觉到"机会来了"。他上下沟通、积极争取，协助镇党委在黎起村建起投资 100 万元的苏陕协作"百亩有机酥梨示范园"项目。

"这片有机酥梨示范园，为村集体经济注入了活力，也激活了我们的思想认识。我也打算以同样的模式在村里建一个有机柿子园。"村民薛红喜兴奋地说，"现在党的政策这么好，只要踏实肯干，往后日子一定会越来越红火。"

黎起村有几段巷道晴天脏、雨天泥，坑坑洼洼。刘少平几经周折争取资金近 100 万元，治愈了村巷出入道路的"牛皮癣"。

黎起村 5 组、7 组、8 组水管老化，影响饮水安全，刘少平忙前忙后协调县水务局更换了管道。现如今，村民脸上的幸福就像清澈的自来水一样，流动着、洋溢着。

看到刘少平真扶贫、干实事，3 组组长刘薛功不失时机地诉苦："房后洼地成了附近村民的垃圾场和下水坑了，臭气熏天、蚊虫乱飞，旁边群众没法住了⋯⋯"刘少平和扶贫队队员实地查看后，协调环保部门，在村口建设了一处污水处理站，彻底解决了污水排放和洪水疏通难题。同时，将臭水坑填埋，建成休闲小广场，乡亲们在家门口就可以跳起广场舞。

黎起村老年人多、残疾人多。为了关爱帮扶他们，刘少平动员慈善组织为村里 80 位 80 岁以上老人和 153 位残疾人以及 40 名贫困妇女儿童募集了价值 6 万多元的爱心物资；组织医院专家入村义诊，为 45 岁以上贫困人员进行健康体检⋯⋯

贫困户柏贞茸家的偏房摇摇欲坠，没钱修缮。为消除安全隐患，刘少平自掏腰包资助 1.5 万元，帮助柏贞茸把房屋修缮一新。

党员张西强不幸患脑萎缩，与年近 80 岁的老母亲相依为命。2019 年，张西强的母亲又突发脑梗，致半身不遂。刘少平得知后，协调医院、残联和慈善机构给予张西强和他母亲医疗救助和物资帮助。张西强感激不尽，村里召开党员会议时，他都颤巍巍地来到会场，会后还义务宣讲党的好政策，带动大家共同脱贫。一次，见刘少平帮扶入户时嘴角上火溃烂，他一个人悄悄开三轮车跑到镇上买了消炎药送到刘少平手上。

"我们只是做了一些力所能及的事，老百姓却感念在心。老百姓认可，比什么都值！"此事给了刘少平深深的触动，"从长远看，脱贫攻坚与乡村振兴有机衔接，思想上的脱贫才是根本之所在。"

低保户杨建军患有精神疾病，大多数时间疯疯癫癫。刘少平与村委干部协商，积极帮助其解决日常生活难题。杨建军犯病时经常乱跑、见人就骂，唯独见到刘少平会笑嘻嘻地念叨："刘书记是个好人。"

案例二十三：山东省青岛市即墨区蓝村镇管家屋子村

致富靠双手，小康重实干

干净的道路，整齐的房屋，开阔的长廊，彩绘的文化墙……走进山东青岛市即墨区蓝村镇管家屋子村，几位老人在党建文化广场悠然自得地舞着太极扇。

管家屋子村紧邻蓝村火车站，共有村民 435 人，其中 60 岁以上的老人 70 余人，是典型"老旧村"。

这些年，虽然生活条件改善，很多人仍保留了烧柴做饭的习惯，家门口堆满柴草，加之垃圾随手扔，一进村，脏、乱、差的印象扑面而来。

"瞧，现在大不一样喽。"村党支部书记管益泉脸上洋溢着笑容。在村委会西边空地，村里建起了封闭式的柴草堆放场，供村民集中堆放，各家各户门口摆放着整齐的分类垃圾桶。

为整治农村人居环境，管家屋子村划分了 3 个环境卫生整治小组，包片村庄街巷卫生，村两委班子成员担任小组组长，组员由党员和村民代表各 3 名组成，建立起"村庄、网格、街巷、居户"四级环境卫生责任常态化管理体系。

管理也有门道。村里将各户按每月底的卫生评比成绩分为三个档次，一档平分奖金 1 000 元，二档平分奖金 500 元，最后一档则要"上门"批评教育和处罚。

"把家里家外的卫生收拾好，村里就能发钱？"一开始，有的村民满不在意，直到"真金白银"发到手里，才意识到，这次是"动真格"的。

有些划入第三档的村民还不服气，来到村委会"讲理"。管益泉拿出专门制定的现场检查测评表和图片，真凭实据面前，大家也服了气。"卫生搞不好，一顿饺子钱就没有了，在乡里乡亲面前也没面子。"没出俩月，家家户户有了比学赶超的竞争意识，村里慢慢形成了认真搞好清洁的良好风气。

说起村里的变化，80岁的村民管树茂印象最深的是厕改。"之前的是老式厕所，上了年纪后，冬天冷得不愿蹲，孙子放假回来更是嫌脏。"如今，厕所成了管大爷家一角的风景：白瓷砖贴墙，纯白的蹲便器，被打扫得干干净净，"上厕所不发愁啦！现在就盼着孙子多回来看看我呢。"

农村改厕是体现文明进步的尺度，也是人居环境整治工作的难点，如何让村民想改、愿改？管益泉说："村民既希望改厕，但也有很多疑虑，比如改自家厕所谁花钱，以后抽厕抽污用不用收费，针对这些问题，村两委成员分头行动，入户走访进行宣讲和动员，告知上级的补贴优惠等相关政策，打消村民的顾虑。"

现如今，在管家屋子村，"美丽庭院"建设蔚然成风，庭院里绿树成荫、街道上干净整齐、建起卫生厕所……乡亲们都说，现在过上了和城里人一样的日子哩！

"我们去年进行'美丽乡村'建设，先后投入600余万元用于道路硬化，安装了太阳能路灯，粉刷了房屋外立面，修建了党建文化广场，把过去的'死水湾'改造成景观湖公园，整个村庄面貌焕然一新，成为时下的高颜值村庄。"谈及村庄今后的发展，管益泉介绍，"我们将利用之前闲置的20亩土地打造民俗园，聘请专业团队高标准规划建设，大力发展乡村休闲旅游，增加村集体收入，带动村民就业致富。"

案例二十四：江西省莲花县湖上乡南村

支部建在产业上　带富效果看得见

村民富不富，关键看支部；村子强不强，要看"领头羊"。莲花县湖上乡南村村民对这句话感受很深，因为在基层党组织的有力引领下，这个昔日的贫困村发生了大变样。

仲夏时节，记者来到南村采访，只见蓝天白云下，百合爬满山坡山坳，株壮叶茂，长势喜人。村支书朱晓华正带领村民除草打药，现场一派热火朝天的景象。

"做梦都想不到，这么大年纪了一个月还能赚 2 000 多块钱。"年近七十的朱斌华，身子骨还硬朗，近一个月来，他每天和 80 多个村民在百合种植基地务工，每天工钱 90 元。

"2010 年以前，这里还是一片荒山，零星种些油茶树。开荒成本大，荒着又觉得可惜。"朱晓华说。2019 年，县里重点发展百合产业，一系列优惠补贴政策随之而来。朱晓华动了心，认为这是一次发展村级集体经济的好机会，但百合种植投入大、风险也大，一旦栽培管理不到位，将会造成不小的经济损失，为此不少村民打了退堂鼓。

咋办？村党支部的作用得到发挥。通过召集村民学政策，发动党员入户给村民做工作，部分村民终于投来赞同票。同时，朱晓华又与种植大户商量，拿出产业扶贫资金 20 万元入股，全力发展百合产业。

在南村村发挥支部作用发展产业的那会儿，莲花县正创新基层党组织设置形式，建立"产业基地联合党支部—产业基地党小组—党员中心户"的新型框架，将支部建在产业上，让党员聚在产业链上，真正做到贫困户跟着支部转、支部跟着产业转，确保扶贫产业"落地生根、开花结果"。

湖上乡顺势跟进，将南村村百合基地、圳背村栀子花基地、稻虾共作基地、西山村葡萄种植基地、曾家村罗汉果基地等组成产业基地联合党支部，通过支部牵头、党员带头、能人带动，引领村民发展特色产业，使党员成为产业上名副其实的骨干。

南村村的百合产业，是莲花县以党建引领脱贫攻坚、乡村振兴的一个缩影。目前，该县已经成立 48 个产业基地联合党支部，126 个产业基地党小组，1 200 余名党员中心户正在产业扶贫中发挥示范作用。

案例二十五：福建省福鼎市磻溪镇赤溪村

发展旅游相关产业　年收入超 2 160 万元

曾经闭塞的福鼎市磻溪镇赤溪村，如今交通方便，旅游相关产业年收入超 2 160 万元，村民在家门口就能致富。

村子美了，日子好了

端午节期间，"中国扶贫第一村"——福鼎市磻溪镇赤溪村绿意盎然，鸟语花香。刚刚"白改黑"竣工的杨赤公路上，车来车往，通行有序。

"这些年在党的领导下，干群一条心，我们这里发生了翻天覆地的变化，村子越变越美，游客越来越多，日子越过越好。"39 岁的赤溪村妇联主席钟丽眉高兴地说，她当初执意要嫁进这个穷山沟的选择没有错。

通新路，搬新家

路，曾是赤溪村人心中的痛。尽管小山村风景宜人，但因地处偏远、交通不便，一直"养在深闺人未识"。

2001年，20岁的钟丽眉第一次随男友来到赤溪村。"当时我傻了眼，村里没有通往山外的大路，来的时候在一个叫做龙亭的地方下车，需要徒步翻山越岭一个多小时才能进村。"回想起19年前第一次进入赤溪村的情景，钟丽眉感触颇深。

如今，在党的扶贫政策支持下，通村公路从无到有，总里程达58.6公里，到达高速公路入口和太姥山景区仅需20分钟，实现太姥山—赤溪—杨家溪三地旅游线路无缝对接、游客互流。如今，到赤溪参观、考察、旅游的人明显多了。

发生翻天覆地变化的不只是道路。通过搬迁，赤溪自然村数由14个减至1个中心村和2个自然村，生活配套、文化教育、医疗卫生等设施一应俱全。钟丽眉的家就在村里的畲族风情购物街上，有两幢四层白墙黑瓦的徽派建筑小楼，古韵悠然。

"2003年，我不顾家人反对，嫁到赤溪村。那时我夫妻俩和公公婆婆以及两个小叔子挤在两层的木瓦房里，没有卫生间，生活很艰苦，每次回娘家心里都发虚。"钟丽眉说。十几年过去了，钟丽眉由外来媳妇成为村妇联主席和乡村旅游致富带头人。现在兄弟三人各自成家，分别盖了新房，每层都有独立卫生间，装了空调、热水器，日子甭提有多惬意。

作为赤溪脱贫致富的见证者、践行者，钟丽眉参加了2016年2月与习近平总书记的视频连线。她告诉记者，赤溪村今天的发展变化与总书记的关心鼓励分不开。

"去年，我将家里剩余的4间房间装修后改做民宿，旅游旺季接待游客，一年下来也有几万元收入，在家里就轻轻松松把钱挣了。"钟丽眉说，现在村里很多家庭像她家一样，利用自家闲置的房屋办起了农家乐或民宿。

兴产业，增信心

新建的大型停车场、畲家客栈和玻璃栈道等错落分布于水声潺潺的九鲤溪两岸。来自各地的游客三五成群游玩其间，为大山深处的赤溪村带来了人气与活力。

在去小溪明星民宿"漂亮的房子"的路上，记者碰到了钟丽眉的丈夫，他正忙着运输沙石修路。"我以前一直在外打工，一年到头难得在家一个月。村里旅游产业发展起来后，建设的项目多了，家里买了一辆运输车，承揽村里交通水利工程土石方运输，既为家乡建设出力，又为家庭创收。"他说。

2016 年，赤溪村集体成立了赤溪旅投公司，乡村旅游迎来快速发展期。从一开始少有游客来，到如今乡村旅游项目全面铺开，发展起竹筏漂流、瓜果采摘、户外体验等多个游览项目，赤溪村形成了以九鲤溪水域风光、下山溪河段峡谷型水域风光以及坑里弄古民居群、田园自然风光等为主的旅游业发展格局。村民收入随之增多，在旅游开发中收获了满满的成就感和幸福感。

"以前村里人想方设法往城里跑，现在反过来了，一拨又一拨城里人选择到这里体验生活，给小山村带来无限商机。"钟丽眉说。

赤溪村有 750 多名妇女，作为妇联主席，钟丽眉牢记总书记嘱托，一直在思考如何当好女同胞创业致富的领头羊。

经过考察策划，2019 年赤溪村党总支利用村中丰富的鹅卵石资源，与宁德鸿爱慈善会社工组织、福鼎市妇联合力协作，创办畲乡巾帼创业社，以村委会一楼为作坊，邀请专业美术老师定期教授鹅卵石手绘及工艺品创作。兼任畲乡巾帼创业社监事长的钟丽眉走街入户，鼓励大伙学艺营商，一批赋闲在家但乐于创业的妇女变心动为行动，实现了家门口就业，腰包越来越鼓。

花鸟虫鱼、感谢党恩、抗疫故事、畲族元素等不同主题的创作，让赤溪鹅卵石成为"有故事"的艺术品，不但吸引游客纷纷动手体验，还渐渐走出山门、走向世界。

兴产业，增信心。2019 年，赤溪村共接待游客 27 万人次，旅游相关产业收入超过 2 160 万元，占到全村产业收入的半壁江山。传承畲族服饰、畲族技艺、畲族歌舞……下一步，钟丽眉希望将丰富多彩的畲族文化展现给八方游客，让赤溪旅游发展更多元、更有力。

案例二十六：贵州省遵义市播州区枫香镇花茂村

花茂村里笑开颜

2020 年 6 月 16 日，季夏的遵义市播州区枫香镇花茂村，农家乐"红色人家"的小院坝里，桌椅围成一圈，和 5 年前那天一模一样。

"政策好不好，要看乡亲们是哭还是笑。"2015 年 6 月 16 日，来到花茂村视察的习近平总书记，在这里留下了深情的话语。

花茂村村民、"红色人家"经营者王治强每每想起这一幕，微笑就爬上脸庞。"这五年，游客慕名而来，感受地道的农家菜，住特色的乡村民宿，寻找乡愁，他们感叹：新农村实在太好了。"

今日让人向往的花茂村，往夕是个"出行难、饮水难、看病就医难、农田灌溉难、村民增收难"的典型贫困村庄。

好日子是干出来的，贫困并不可怕，只要有信心、有决心，就没有克服不了的困难……总书记的深情嘱托，温暖了花茂村民的心，鼓舞他们逐梦前行。

党的十八大以来，在党组织的引领和扶贫政策支持下，花茂村依托红色旅游资源——苟坝会议会址，引进九丰农业等企业落户，以"乡愁"为品牌，发展特色农业和乡村旅游一体化，推进精准脱贫示范向乡村振兴示范转变。2019 年，花茂村仅乡村旅游综合收入就达 6 亿元，被评为省级同步小康示范村。

乡愁在何方？就在花茂村石板路旁盛开的向日葵花里，就在农家小院果实累累的杨梅树上，就在灶台间香飘四溢的"鹽子鸡"里。行走在如今的花茂村，"荒茅田"已不在，处处是笑脸。

沿着平坦的村道漫步，一种形制奇特的土陶罐引起了游客注意，纷纷围着打量。

"这叫做鹽子，用来蒸制花茂传统美食'鹽子鸡'，特别香。"花茂村陶艺传承人母先才笑呵呵地向游客介绍。"鹽子原来只有富裕人家才用得上，现在生活好了，家家都能用。"

"我们就是专门来找土陶器的。"来自四川自贡的游客高淼淼也笑了，"难怪总书记说，能在这里找到乡愁。"

制陶 39 年，今年 52 岁的母先才是花茂制陶手艺的第四代传承人。他抓住村里发展乡村旅游的机会，开起第一家陶艺馆；2015 年，习近平总书记到花茂村考察，坚定了他将技艺传承下去的决心。

当年，习近平总书记到先才陶艺馆视察的照片就挂在门口，如今，陶艺馆也经历了几番"进化"。

"原来我们做的都是酒坛子、菜坛子，现在做的是旅游商品了，销售不错，收入也就高了。"在陶艺体验馆里，20 多台拉坯机一字排开，一年能接待上万名游客。

"从手工作坊到集售卖、体验、餐饮、住宿等多功能于一体的乡村旅游陶艺馆，收入从原来的每年 3 万元到现在的 30 万元，整整翻了 10 倍，日子越过越好。我们一辈子都感恩党、感谢总书记。"

"2015年的时候，总书记来我们大棚视察，他亲切地问我家里的情况，工作的情况，叮嘱我，好好在这里做。"清晨9点，花茂村村民、九丰农业科技园员工万永香换上工作服，开始打扫掉在地上的葫芦花。一说起刚上大学的女儿，嘴角笑意藏不住，"我想跟总书记说，这五年，我一直在这里做，每月有固定的收入。孩子也从初中生变成了大学生，生活一切都好，请总书记放心。"

赶上了好时代，越奋斗越幸福。洋溢在村民脸上的笑容，是花茂发展的最好写照。

"小时候，花茂村尘土漫天飞，我们出去上学是雨天一身泥，晴天一身灰。""90后"女孩牟明宁从旅游管理专业毕业后，回到花茂就业，学以致用，成为苟坝会议会址的一名讲解员。"5年前我还在学校读书，听妈妈激动地说，习近平总书记来到了花茂，从那之后父母不再外出打工，在家发展农家乐，哥哥也回家发展生态养殖。生活条件大大改善，家人在身边，生活有奔头，这就是我理想中的小康生活。"

"原来常年五湖四海到处跑，在外面打工挣钱。如今，村里的发展越来越好，我们这些漂泊在外的人更有了回家的动力。"吃过早饭，48岁的花茂村村民母光熙带着小孙子在村里溜达，牵动他回乡创业的，正是那份逐年加深的乡愁。"现在我开了一家豆花面馆，生意不错，一家三代都在一起，很幸福。"

"农村有句话叫'要想富、先修路'，现在我们的基础设施不仅是'村村通''组组通'，更做到了'户户通'。"

这些年，说起花茂村村民的获得感、幸福感，枫香镇党委委员、副镇长，原花茂村党总支书记潘克刚最清楚。

"5年间，老百姓的收入大幅提升，人均年收入从2015年的 7 000 余元，到现在的 1.7 万余元。生活越来越好，老百姓的精神面貌比原来更好了，更懂得了知党情、感党恩。"

案例二十七： 云南省曲靖市罗平县以宜村

用产业激活脱贫 "造血" 功能

产业支撑才能实现增收脱贫。近年来，云南省曲靖市罗平县阿岗镇以宜村采取多项措施，因地制宜发展花椒、蔬菜、养鸡等产业，着力提升扶贫效益，带领群众走出了一条持续增收的产业致富路。

走进连片的花椒种植地，看到不少人在进行田间管理。"花椒要达到丰产，必须要拉枝丫，像这种枝条用绳子固定，还要修枝，中间的枝条要剪掉，让它从四面八方生长……"阿岗镇林业站技术员尹晓强正进行指导。以宜村属于高寒山区，耕种难度大。经过调查研究，选择了适合地气候土壤的花椒产业，探索走出一条产业发展的好路子。目前，该村已引导农户栽下花椒 2 000 余亩，四年后所栽下的花椒产生经济效益，可为这个地方经济实现创收，预计能为全村带来 1 000 多万元的收入。通过小小的花椒产业，可激活脱贫 "造血" 功能，实现持续巩固脱贫成果。

自脱贫攻坚战打响以来，该村用足用活各项扶持政策，带动贫困群众通过土地流转、就地务工等形式参与村级集体经济发展。充分利用水资源比较丰富的特点发展蔬菜产业，建一个 12 亩的蔬菜大棚，预计投入使用后，年产值 50 余万元，每年能增加 4 万元集体经济收入。另一个是 200 多亩的露天蔬菜产业，群众农闲时可以到基地打工，部分农户还能获得土地流转租金。"我有 3 亩地租给他们，一年有 1 000 多块，空闲时候我来这里打工，一年大概有 6 000 多块。"正在地里劳作的建档立卡贫困户杨家书开心地说着。据介绍，该基地主要种植西兰花，一年种四季，既壮大集体经济，又带动了群众增收，发挥了稳定的脱贫致富作用。

在村里的合作社养殖基地，大大小小的土鸡正在林下悠闲地觅食。"我们合作社发展土鸡养殖产业，从农户那里收取土鸡蛋来孵化，已孵化 3 000 余只，在这里养殖接近 1 000 只，有 2 000 只发给贫困户饲养，每户发 50 只，预计到年底每户增收 5 000 余元，我们还将再发展壮大，带动贫困户发展得更好。"以宜村村委会主任王聪林介绍。据悉，按照每只成品鸡最低 100 元的价格，上市后就可以带来 5 000 元的收入。同时，合作社还在县城开了一家特色餐馆，鸡是高山土鸡，蔬菜是自己种的，保证新鲜、绿色、品质，让顾客吃得放心。通过以宜土鸡的产业链，把农村原汁原味的产品带到城市去，不仅是美食文化的传承，更是农户致富的好路子，在农户增收的同时也壮大了集体经济。

此外，该村还致力打造阿岗镇老品种洋芋品牌，实现农户的增收。"以宜现在的发展思路非常明确，产业初具规模，我们还结合彝族的歌舞文化、服饰文化、风俗文化，开发旅游业，我们有信心把以宜打造好发展好。"阿岗镇党委副书记朱兴邦信心满满。

案例二十八：海南省文昌市东阁镇凤头村

村干部成"带货达人"

"阿梅，上次买的红皮花生还有没？再来两包！""好咧！您稍等，马上给安排邮寄。"2020 年 6 月 26 日，端午节小长假还没过，文昌市东阁镇凤头村"两委"干部林月梅一早就收到微信订单，她麻利地回复后，骑上电动车一头钻进村子里。

林月梅本是海口姑娘，嫁进文昌凤头村后，就成天奔波在乡间田头，收购、代销各色农副产品。月销售额从最初的两三百元已增长至万余元，一年多来，助农销售30多万元农副产品。然而"代价"却是：原本俊俏的脸庞如今晒得黝黑。

"凤头村是文昌市整村推进贫困村之一，这几年多亏了驻村第一书记和乡村振兴工作队，带动村党支部以党建工作为抓手，带着全村脱贫。我原本当过会计，所以就'自告奋勇'担当村委会电商服务站站长，帮助别人也帮助自己！"林月梅说。

原来，为发展村集体经济，凤头村党支部在抓好党建的基础上，先后建立了板栗地瓜种植基地、黄金百香果种植基地、黑山羊养殖基地，并注册成立公司，利用村级电商服务平台，搭建农产品"线上线下"交易平台，助农增收。

"阿梅吃苦耐劳，而且有知识、有能力、肯干事，已经是出了名的'带货达人'。"文昌市东阁镇凤头村乡村振兴工作队队员梅岳胜告诉记者，林月梅是个闲不住的人，她几乎每天都骑着电动车，往返于快递网点和田间地头、农户家中，做事雷厉风行，村民们对她很信任，消费者对当地的产品也很满意。

2019年3月，凤头村7户村民种植的30余亩约10万斤南瓜滞销，其中3户是贫困村民，林月梅不禁愁上心头。她立即与海南爱心扶贫网取得联系请求帮助，同时线下对接海南爱心企业进行大批采购。经过几天的努力，终于帮助村民将南瓜全部卖光。

2020年以来，受新冠肺炎疫情影响，凤头村农户种植的冬瓜行情不好，林月梅想尽办法、多方推销，成功将冬瓜销售一空，减少了农户的损失。

近两个月来，文昌市举办多场爱心扶贫集市，林月梅踊跃报名参加，每次都带领村里的农户一起。"我们带去的小粒红花生、桃金娘、咸鸭蛋和粿仔，都是村里的特色产品，绿色、健康、原生态，深受消费者欢迎。"林月梅自豪地说。

在东阁镇凤头村林月梅的家中，只见一栋绿树掩映下的四进式传统琼北民居，不时有燕子在院子里飞来飞去，优良的生态环境尽收眼底。据悉，2019 年，凤头村村民年人均收入突破 1.5 万元，原有建档立卡贫困户 13 户 49 人全部脱贫。文昌市东阁镇凤头村被评为"海南省三星级美丽乡村"。"希望农民的生活越过越好，乡村越来越美。"林月梅憧憬道。

案例二十九：内蒙古自治区伊金霍洛旗红庆河镇哈达图淖尔村

养猪村种养"生态链"环环生金

早上 6 点，鄂尔多斯市伊金霍洛旗红庆河镇哈达图淖尔村的王永平和往常一样，三口五口吃完了一碗面条，披上褂子、穿上鞋就往养猪场赶。王永平是村里的养猪大户，每年收入可观。在他眼里，没有什么比那些活蹦乱跳的小猪崽更能让他高兴的了。"那可都是我的宝贝！只要好好养，今年就有搞头了！"他步伐轻快，仿佛前面有强大的磁力吸引着他。

几分钟后，我们来到了哈达图淖尔村万头生猪养殖基地。"看！我们村的猪现在都住在这些'别墅'里。站在我们这个养猪场外，你是不是闻不到半点猪粪臭？"王永平指着眼前的猪舍自豪地问记者。

养殖区干净整洁，标准化圈舍、高压水枪、自动舍饲设备一应俱全，整齐排开的猪舍内，一头头肥头大耳的猪悠闲地嚼着吃食……

烈日炎炎，养猪场却看不到猪粪，也闻不到猪粪臭，这个年出栏上万头生猪的养殖场是如何做到的？

"我们村家家户户都养猪，少的三五头多则几十头，是远近闻名的养猪村。以前猪圈都建在房前屋后，夏天苍蝇蚊子乱飞，整个村子都是乱糟糟、臭烘烘的，孩子们放假都不愿回来。2019 年，镇里投入 1 000 万元在我们村实施了万头生猪标准化养殖项目，建了 4 个片区的标准化圈舍养殖区和一处粪污处理中心，全村的猪都住进了基地的养殖区。"村党支部书记呼丽说："现在养猪和以前不一样了，对环保和品质的要求更高。养殖区是标准化养殖，有统一的技术指导，施行定点防疫、统一管理，配备了专职兽医，喂养都是自动化设备，村民备足了猪食，可以两三天来一趟。养猪产生的所有粪污通过管网集中在粪便发酵处理厂房处理，实现了规模养殖粪便综合治理。"

最值得一提的是，与传统养猪场不同，猪粪在这里都成了宝。

"如果不走生态养殖的路子，场里上万头猪每天产生的排泄物将是巨大的隐患。1 万头生猪一年可产生 5 000 吨排泄物，粪污处理中心对粪污统一收集、通过技术转化处理后，可年产肥力翻倍的有机肥 3 000 吨，沼气 1.8 万立方米，不仅可作为燃料供周边村民使用，还可二次转化做生活用电，满足养殖基地和 200 户居民的照明用电需求。而有机肥'反哺'于村内 2 000 亩农作物种植，减少了化肥、农药的使用量，改善了土壤质量，也保护了周边的水资源。"红庆河镇党委书记杨树伟介绍，养殖基地成功打造出了一条"生猪养殖—粪污处理—有机肥（沼气、沼液）利用—农田种植—生猪养殖"的种养结合生态链，实现了种养殖生产要素的有机循环。

"生猪养殖产业是农民增收致富的'硬角儿',标准化规模化养殖不仅可以促进养猪产业的可持续发展,还可辐射带动饲料加工、食品加工、种植等其他相关产业的发展。通过粮食转化和劳动力的就地转移,实现农牧民收入的持续增长。"杨树伟说。

为了给养殖户规避风险,村里与企业合作,全部订单销售,企业负责保底回收。还和饲料厂家建立了一级代理关系,村民买饲料的成本降低不少。根据与企业的保底合同约定,每头生猪利润在 600～700 元,养殖户户均可增收 14 000 元左右。

自从猪有了集体宿舍,贫困户苏荣霞就把原来臭烘烘的猪圈拆了,改成了小菜园。她说:"现在院子里干净了不说,我也省了好多事儿,养殖基地有技术,我心里也有底气,下一步打算再养几十头猪,我不仅要脱贫,还要做养猪大户!"

生态养猪零排放,卸下污染奔低碳。养猪村通过发展循环经济实现了生猪养殖与污染治理、农牧民增收一举多赢。

案例三十: 西藏自治区巴青县阿秀乡达麦村

牧歌悠扬奔富路

6 月的羌塘,天气变幻莫测,刚刚还是雪花纷飞,转瞬又艳阳高照。当记者来到巴青县阿秀乡达麦村,第一眼就看到道路两旁坐落着的一幢幢藏式牧家小院,炊烟袅袅升起,飘散在翠绿的山间,眼前的一切让人很难想到 8 年前,达麦村曾是一个贫穷落后的小牧村——

2011 年底,全村共 38 户,近一半是贫困户;2019 年底,全村 15 户贫困户、46 人全部实现脱贫。

2012 年 4 月,达麦村牧民经济合作社成立之前,贫困户户均年收入不到 1 000 元；2019 年底，入社贫困户人均年收入达8 000 多元。

合作社成立之初，出资总额仅 21 万元，经营加工产品只有 2～3 种；现在，合作社已开发各类产品 100 多种，总资产达 210 多万元。

2012 年前，出门泥巴路、饮水靠人背、辍学学生多；现在，水泥路铺到家门口、喝上了干净水、辍学率为零……

八年发展蜕变，一路牧歌悠扬，传统牧业小村落达麦村不断展现出奋发图强的力量，成为羌塘草原上一颗耀眼的明珠。

从"山村小商标"到"脱贫大品牌"

2012 年之前，因为生产方式单一，人均产出很低，达麦村 70 多个剩余劳动力除了放牧，基本没有其他营生可干。一些不甘心过穷苦日子的牧民，也因缺技术、缺资金、缺扶持，处于"脱贫无路、致富无门"的窘境。

在达麦村村"两委"和驻村工作队的帮助下，村里一部分人的思想慢慢发生了转变。"个人的力量太薄弱了，村里要发展，需要团结大家的力量一起找门路、想办法。"2012 年 4 月，达麦村党支部书记次仁旺布带头组织村民成立了达麦村牧民经济合作社。

一开始，合作社只有一间不到 20 平方米的铁皮房。由于生产出的产品社会认知度不高、销售渠道不畅等原因，合作社发展困难重重。合作社还曾尝试在电商平台上销售产品，但由于物流运输时间长、费用较高，这个小山村的产品始终未能真正"走出去"，最终只能放弃电商销售渠道。

经过不断调研、摸索、实践，合作社逐渐形成了"公司＋合作社＋贫困户"的产业扶贫机制，并与那曲市和巴青县牧发公司合作，进行订单销售；积极参加西藏各地组织的展销会、物交会、文化博览会等活动，提高产品知名度；开设商店、饭馆、招待所、加工厂等经营项目，开发"如意熏香草""秘配辣椒"以及藏装、藏靴等 100 多种新产品，把专卖店开到了县城……一系列措施，大大拓宽了合作社的产品销售渠道，经济效益逐步提升。2018 年，合作社实现收入 90 余万元，盈利 60 余万元，社员人均收入比当地牧民高 40%，有效解决了贫困户的就业问题，每户每年增收 2 万余元。

随着合作社产品种类的不断增加，为了树立自身品牌形象，2015 年，合作社注册了"霍尔巴仓"商标。

"现在，'霍尔巴仓'品牌已不仅仅是达麦村牧民经济合作社的代表，更是巴青县一个响亮的脱贫品牌。"次仁旺布说，"一提到达麦村，人们想到的就是'霍尔巴仓'，现在，我们正致力于实现品牌产品、乡村经济与脱贫致富三者共赢。"

从小商标走向大品牌，得到了外界认可和市场青睐，达麦村牧民经济合作社因此获得了"西藏自治区文化产业示范基地""那曲市农牧业产业化先进合作社"等荣誉称号，合作社传承的巴青传统服饰制作技艺也被列入了自治区级非物质文化遗产。

从"空有两手"到"一技傍身"

"空有两手"、靠甩鞭子唱牧歌的单一牧业生产方式，现金收入微薄，一年到头"两手空空"，在温饱线徘徊不前。这就是昔日达麦村的真实写照。

"因为文化水平低，没有技术，2012 年前我们家年收入在 1 000 元左右，维持一家 4 口的温饱都很难。"技能成为制约脱贫的突出短板，村民次仁格措感慨地说，"即便在合作社成立后，我们一家人也只能根据合作社的需要打零工，收入虽然增加了，但也十分不稳定。"

"没技能看门搬砖，有技能在家赚钱"，次仁格措的转机发生在 2017 年。那一年,她参加了县里组织的缝纫工、厨师、经营管理等免费就业技能培训。培训结束后,次仁格措凭借学到的技术,在合作社担任起了厨师和管理人员。现在,次仁格措一家人均年收入达到 8 000 多元,2019 年顺利摘掉了贫困帽子。

谈到生活中实实在在的变化,次仁格措指着院子里一旁的两间库房说:"以前,我们就住在这个不到 60 平方米的土房里,屋子透风漏雨,一到雨雪天气,浑身就刺骨的冷。"如今,他们一家人幸福地生活在将近 200 平方米的温暖小院里,其乐融融。

回忆起自己的脱贫致富路,次仁格措总离不开"感谢"二字:"感谢党的惠民政策使我们衣食住行有了保障,感谢政府提供的技能培训给了我们谋生的手段,感谢合作社让我们增收致富有了好门路!"

从"输血式脱贫"到"造血式致富"

要想真正让贫困户脱贫,特别是要使有劳动力的贫困户自强自立,扶贫工作必须要实现从外部"输血"到贫困户自己"造血"的转变。

"阿秀乡处于藏北草原与藏东峡谷结合部,山高路远、交通闭塞,村民世世代代都以放牧为生,思想落后、观念陈旧,'我要脱贫'的意识不强。"巴青县人大副主任、阿秀乡党委书记扎西平措感慨地说,"输血"不如"造血","富口袋"不如"富脑袋",精准扶贫,要做的不仅仅是解决贫困户一时的温饱问题,更重要的是要给他们提供更多的致富能力和发展机会,变"要我脱贫"为"我要脱贫"。

通过合作社模式,贫困牧民的发展热情得到了极大激发,内生动力得到了极大增强,达麦村村民不再"坐在墙根晒太阳，等着别人送小康"，而是"依靠双手来致富，望着山外筑梦想"，成为草原深处"造血式"脱贫的生动典范，藏北高原持续奏响脱贫致富奔小康的乡村牧歌——

每家每户插国旗、挂领袖像，处处呈现出感恩奋进的精神风貌。

每逢"3·28"百万农奴解放纪念日、"五一"国际劳动节、国庆节等重大节日，村民们都会穿上节日盛装，唱起歌来跳起舞。

群众更加追求健康文明的现代生活方式，讲文明爱生活，大人小孩都洋溢着幸福的笑容。

村民更加重视教育，中小学入学率百分百、辍学率为零，正上小学四年级的次仁旺嘎，还主动给接受记者采访的父母当起了翻译。

合作社积极参与公益事业，每年都向贫困户捐款捐物……

那曲市委常委、巴青县委书记张军说："我们县委、县政府积极为牧民经济合作社参与精准脱贫穿针引线、搭桥铺路，把'输血'和'造血'相结合、把眼前和长远相结合、把外在和内在相结合，呈现出了许多像达麦村这样的脱贫典型，做到了真脱贫、脱真贫，实现了巴青县整体脱贫摘帽。我们一定会巩固好脱贫攻坚成果，坚决打赢脱贫攻坚战，让百姓真正过上好日子，实现全面小康。"

附　　录

附录一：倡议书范文示例

关于建设美丽家园的倡议书

村民朋友们：

为了进一步改善人居环境，建设美丽家园，提升村居形象，促进镇域经济社会健康协调快速发展，根据县委县政府建设"美丽乡村"的活动要求，我镇决定在全镇范围内开展农村环境综合整治工作，建设美丽乡村，营造和谐美丽的家园。为此，镇党委、政府向全镇广大农民朋友发出如下倡议：

从今天起，让我们积极行动起来，以主人翁姿态投身到建设美丽乡村活动中去。（略）

从今天起，让我们把美丽乡村建设活动融入到日常生活中去。（略）

从今天起，让我们以文明村民的标准来要求自己，遵守公德。（略）

从今天起，让我们积极参与到环境卫生整治工作中来，保持门前屋后整洁。（略）

从今天起，为打造"美丽屋场"，"美丽庭院"，"美丽村庄"，让我们弘扬时代新风。（略）

让我们积极行动起来，用我们的热情和真诚，用我们的辛勤和汗水，把我们的家园装扮得更加亮丽。（略）

××××

××年×月×日

附录二： 函范文示例

××人民政府关于××村增补村委会委员的函

××××：

　　××村于××年×月进行换届选举，原定村委会成员数为××人。原村委会委员、会计于××年×月去世，因此目前仅有××名村委委员履行职责。××村是重点村，人口多，工作繁重，因此，经村党支部、村委会、村监会广泛征求党员、村民代表及部分村民意见，并通过村民代表会议通过，一致同意补选村委会委员。××村于××年×月召开村民代表大会，经过村民选举推选×××为××村新增补村委会委员。

　　妥否，请回复。

××××

××年×月×日

附录三： 简报范文示例

党 建 活 动 简 报

　　为了庆祝中国共产党成立××周年，积极响应上级党组织"学党章、学党史、学先进"主题活动，××月××日，××（单位）召开全体职工会议学习党的知识，激发广大党员内在动力，促进党员干部转变作风，教育引导广大党员干部进一步坚定中国特色社会主义理想信念，做伟大"中国梦"的积极实践者，为推进××建设而努力奋斗。要求继续做好以下三方面的工作：

　　一、履职尽责，践行承诺。（略）

二、扶贫帮困，服务基层。（略）

三、活动丰富，加强督促。（略）

附录四： 通知范文示例

××县人民政府办公室
关于加强机关值班、安全保卫工作的通知

各乡镇党委、政府：

时至年底，全县各种不稳定因素增加，治安形势比较严峻。加强值班工作，加强安全保卫工作显得尤为重要。然而，近一段时间以来，我县一些单位和乡镇在机关值班和安全保卫方面存在一些问题。有的单位平时不安排值班，值班制度形同虚设；有的单位领导不带班，只有一般工作人员守摊子；还有的单位连值班室、值班电话都没有设立，管理松懈。针对这些情况，现提出如下要求：

一、提高思想认识，加强组织领导。（略）

二、采取有效措施，落实完善制度。（略）

三、强化监督检查，严肃追究责任。（略）

××××

××年×月×日

附录五： 请示范文示例

关于在×××开展基本农田保护工作的请示

×××：

为了全面贯彻落实党的××××精神，巩固和发展划定基

本农田保护区这项工作的成果，拟在×××推广这一做法。具体意见如下：

一、明确指导思想，加强组织领导。（略）

二、根据不同地区确定保护重点。（略）

三、建立基本农田的保护制度及地方补偿制度。（略）

上述意见，是否妥当，请指示。

××××

××年×月×日

附录六：　通告范文示例

全市统一试鸣防空警报的通告

各辖市、区人民政府，市各委办局，各直属单位、企事业单位：

为认真落实《中华人民共和国人民防空法》、《××省实施〈人民防空法〉办法》，增强全体市民的国防观念和人防意识，市政府定于××时至××时在全市统一试鸣防空警报。

警报鸣放依次为：预先警报，鸣36秒，停24秒，反复三遍为一周期；空袭警报，鸣6秒，停6秒，反复15遍为一周期；解除警报，连续鸣3分钟。

请广大市民相互转告，正常工作、生活，不要惊慌。请各新闻媒体、企事业单位和学校、街道、居委会做好宣传工作。

特此通告

××××

××年×月×日

附录七： 报告范文示例

××市人民政府关于治理××河水质污染问题的报告

××省人民政府：

省政府转来××委员会提出的关于××河水质污染状况的报告，经市政府调查研究，对报告中提出的有关问题及解决方案报告如下：

一、解决××河水质污染问题的关键是尽快建成污水处理厂。（略）

二、为解决××河的污染，市政府已抓紧×区污水处理厂建设，争取在20××年建成。（略）

三、电热厂的粉煤灰也是污染源之一。对于电热厂储灰厂的选址，必须考虑到对地下水和环境的污染。（略）

××××

××年××月××日

附录八： 工作计划范文示例

村委会××年度爱国卫生工作计划

××年度我村委会爱国卫生工作坚持以××××思想为指导，以营造整洁优美的市容环境为目标，广泛发动群众，调动一切力量，在辖区范围内大力开展爱国卫生运动。

一、全面加强社会卫生管理工作，促进环境卫生整体水平不断提高

1. 加强对各居民组环境卫生的监督检查（略）

2. 加强辖区单位卫生工作的督促检查（略）

二、加大除害防病工作力度，努力扩大"四害"防治覆盖面，有效降低全辖区"四害"密度

1. 组织开展全辖区除害统一行动。（略）

2. 积极开展"四害"防治基础设施建设工作，努力从源头上解决蚊虫孳生问题。（略）

三、广泛开展社会卫生宣传教育活动，致力提高居民卫生意识和健康素质

1. 采取全方位、多形式、多渠道、立体式的宣传模式，努力将我居委会爱国卫生宣传工作开展得有声有色。（略）

2. 结合全年不同时期的中心工作，组织开展专题群众性爱国卫生宣传活动。（略）

四、加强爱卫组织建设，确保各项工作落在实处（略）

附录九：　工作总结范文示例

××年度村委会工作总结

××年，村委会在镇党委、政府及上级主管部门的正确领导下，认真贯彻××××重要思想，全面落实上级有关部署要求，并通过村委会全体党员、干部、村民的共同努力，各项工作取得了较好的成绩，现将今年工作的情况汇报如下：

一、新农村项目建设顺利完成

1. 丰富村民的精神文化生活。（略）

2. 争取上级项目资金与发动群众集资。（略）

3. 建立农村网络文化站。（略）

二、增加村民福利及教育投入

1. 村委会通过补贴鼓励村民参加农村合作医疗保险。（略）

2. 带领党员干部给村里的孤寡老人、病人捐款，为他们排忧解难。（略）

3. 加大支持教育力度。（略）

三、因地制宜，全面做好农业保障工作，不断拓展林业产业链

1. 充分利用本地优势，大力发展甘蔗耕作。（略）

2. 以科技兴农为突破口，全面实现增收。（略）

3. ××年在镇领导的帮助下，引进一间综合木料加工厂，两间木板厂。（略）

四、严格执行村务公开，规范村委会财务管理（略）

五、做好计生工作，完善计生信息系统管理（略）

六、维护辖区社会治安稳定（略）

七、存在问题

1. 村内卫生还不够清洁，村民的环境保护意识也有待进一步提高。（略）

2. 缺乏实施有力的致富举措。（略）

3. 农村基础配套设施尚不够完善。（略）

回首过去，展望未来，村委会将以×××××××为契机，继续贯彻落实上级各项决策部署（略）

附录十： 证明范文示例

××××××证明

兹证明_____同志，性别____，（证明事由）_____。

特此证明

单位名称（公章）

年　月　日